忧郁的田野

郭于华　著

加拿大国际出版社

Canada International Press

书名：忧郁的田野

作者：郭于华

出版：加拿大国际出版社

国际书号 ISBN：978-1-990872-14-3

电子书 ISBN: 978-1-990872-15-0

总字数：114531

Book name: The Melancholy Land

Written by: Yuhua Guo

Published by: Canada International Press

ISBN: 978-1-990872-14-3

EBook: ISBN: 978-1-990872-15-0

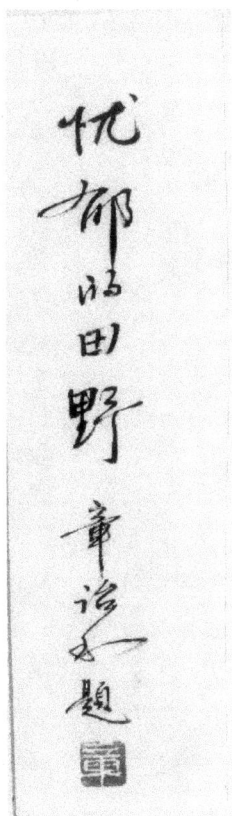

忧郁的田野

章诒和 题

　　本书封面书名的题字由中国著名大右派章伯钧二女，纪念文集《往事并不如烟》、《伶人往事》、《一阵风，留下了千古绝唱》等书的作者章诒和先生书写。

作者简介

　　郭于华，社会人类学研究者，田野工作者。北京清华大学社会学系教授，主要研究领域为转型社会学、农村社会研究、口述历史研究等。对不同地域、族群，不同文化、信仰和不同生活方式充满好奇。田野那么广，乡村大课堂；书未破万卷，行走亦无疆。

内容简介

　　本书是一个社会人类学者记录田野工作中的所见所闻所感所思，所记内容不限于一时一地，思考与反思也不囿于学术和学科。作者努力在田野实践中运用社会学的想象力和民族志的洞察力，在微观事实——个体经验与宏观社会结构之间进行贯通，以社会记忆的力量在历史与现实中进行穿梭，进而探寻社会与文化及其转型的独特逻辑和微妙运作过程。

　　本书亦是在学术和公共领域间建立关联的尝试。我们始终处在探寻真相的过程中。我们所能做的只是呈现生活本身的纷繁复杂与丰富多彩，展示平常生命的意义，让无形象者为人所见，让"沉默的大多数"的声音为人所闻，使人们的视野更为开阔，看到更多的可能性和选择，清醒而正确地认识并反省自己，包容和理解更为广泛和异样的"他者"。

　　本书也同时作为一个普通的田野工作者对结构主义人类学大师列维-斯特劳斯那本蜚声世界的《忧郁的热带》的致敬：该书不仅如评论者所

称赞的"生动,细腻,思想大胆。它写得美。正如一切伟大著作一样,它带有鲜明的个人印迹;它以人的声音说话。"使当时流行的游记作品相形见绌,而且从异文化诸多普通人微不足道的"苦闷"(该书另一种翻译为《苦闷的热带》)表达中,以博大的悲悯情怀感受到人类文明的困苦。

大千世界,田野无垠,能有一知半解的只是凤毛麟角。即使在自己所属的文化中旅行,所得也必然是一孔之见。在此呈现的决非经验之谈,却是真实所感。

目　录

村庄记忆

生存之道

1. 进入田野（导言）

如果将田野工作视为人类学者的成年礼，进入田野就是成年仪式的开端部分。而**进入田野**并不是简单的物理空间的进入，也不仅仅是策略、技巧、具体方法和社交能力的运用，而是涉及到调查研究中的权力关系、学术伦理和看待人类社会生活的视角等一系列重要问题。按照当今话语，也是涉及三观的问题。

所谓进入田野也不仅仅指开始的头几天或初始时段。田野工作是一个贯穿调查研究整个过程、自始至终需要自觉意识和不断思考的"长时段"。（Not only to enter a setting and during the first days in the field, but throughout the data collection process.）

进入田野是一个实践问题，牵涉到研究者的沟通能力、寻找和拓展人际关系资源、面对新情境中不尽相同的生活方式和观念意识运用各种策略和技术；但进入田野的过程又不仅仅是个实践问题，而是既有赖于学习和体会地方性智慧

（native wit）又要具有学术理论的理解和反思，在进入过程中发现进入的障碍并且找到克服障碍的办法，进而获得对于当地社会结构与文化意义的洞见。这一过程是在整个调查研究中循环推进的。

所以，说到进入，其实是学习、理解和感悟的过程。首先遇到的是能否融入当地社会即被当地人所接纳。这里有契机和"运气"（lucky breaks）的因素，正如美国著名人类学家克利福德.格尔茨在巴厘岛对斗鸡的参与观察经历为我们提供的一个有趣例证：

1958 年 4 月，格尔茨夫妇（均为人类学者）在印度尼西亚巴厘岛的一个村庄中正处于不被当地人接受同时又身患疟疾自信缺乏的困顿状态。人们对这两位美国学者视而不见，仿佛他们并不存在，他们即使主动搭讪也倍受冷遇。正在如此让人灰心丧气的时候，作为学者观察对象的一场大规模斗鸡活动到来了。在当时的印度尼西亚斗鸡属于非法活动，并被归入"原始的"、"落后的"、"浪费的"非现代化之举而被官方禁止。

当斗鸡比赛正酣之时，警察带着机枪乘着卡

车呼啸而至。数百人组成的赌博和观看的人群一轰而散，向四面八方奔逃而去。此时的人类学者几乎是本能地循着"入乡随俗"的原则随着逃难者一同奔跑，并不假思索地跟着一位逃跑者转进一个院子——他自己的家。旋即主人和他的妻子熟练地摆好桌椅、铺上桌布、端出茶来，大家心照不宣的坐下来喝茶。警察随后即到，开始盘问斗鸡之事和外国人在这里究竟想做什么？这位刚刚"五分钟"的主人从容不迫且详细准确地回答警察：他们是来自美国的教授，得到政府批准，到这里研究文化，要写一本关于巴厘岛的书；我们整个下午都在家里喝茶和讨论有关文化的事，对斗鸡之事一无所知。就这样把警察糊弄走了。

第二天，按照格尔茨的描述：整个村庄对他们来说变成了完全不同的世界——人们不再视而不见，而是将无数的兴趣、热情特别是欢乐倾注于他们身上。人们追问他们为何不直接掏出证件告诉警察他们是美国人？人们也模仿并善意地嘲笑他们逃跑时的狼狈。在巴厘岛，被取笑就意味着被接受；从此这个村庄前所未有地对他们开放了，他们"身在其中"了，他们"五分钟"的主人和许多村民成为最佳资料提供人，他们的研究得以相当全面和深入地展开。

诚然，正如格尔茨所言，在一次对"陋习"的"突然袭击"中几乎被抓住，或许并不是能够推广的融入当地社会的"窍门"，这种契机或"运气"并不常有。但是作为研究者能否在运气来临时抓住它，做出正确反应并以此与当地人达到契合与理解，却是需要准备和功力的。

回想起上世纪九十年代后期，我们在陕北骥村从事农民口述历史的调查研究。在初次进入调查数周之后的第二年，我们再次来到骥村驻扎数月之久，算是真正进入田野之地；其实也很难称得上真正的进入，也就是走家串户拉话话和不少村民混个脸熟而已。离走进村庄的现实生活和历史，走进家庭、宗族的社会关系，特别是村民村妇们的内心世界还相当遥远。在我们为调查限于表层难于深入内里而有些一筹莫展的时候，一次运气也降临在我们头上。

那是一个春天的下午，天气晴朗，天空蓝个莹莹介，日头红个彤彤介（方言：形容天空湛蓝艳阳高照），老支书成铭从山下慢慢爬上高坡，朝我们房东家的窑洞走来。成铭近八十岁年纪，从土改开始当村干部一直到前些年才从支书任上退下来，还承担着专司信仰庙会事务的"社头"职责。我和同事罗红光正在整理调查笔记，赶忙把老支书迎进屋来。成铭性格温良，待人友善，是出了名的好人，他有些羞涩地开口问到："有个事，不晓得你们能不能帮忙？"我们异口同声地回答："什么事？您尽管说。"成铭于是娓娓道来："这村里不是有几个庙吗？（分别是龙王庙、观音庙、黑虎灵官/药王庙），神像前的牌位都太旧了；运动中村民们怕这些牌位被红卫兵砸了，就送到山里埋藏起来；开放之后才起出来供上，难免又小又破；我们（庙）会里找木匠重新做了牌位、上了漆，但新牌位上面要写字可把我们难住了。我想你们都是博士、老师，能不能帮我们把字写上？"老支书说到这里有些迟疑："我怕你们会嫌我们这是迷信、落后呢。"话音未落，我和罗红光又是异口同声道："不嫌不嫌，我们来写。"老支书可高兴了，很快派人送来了一共五个牌位：分别是黑/青/白龙大王之神位，黑虎灵官之神位，药王真君（孙思邈）之神位。

(龙王牌位)

新牌位做得气派漂亮，红底蓝座黑，金色勾边，比之前的大许多。看着这簇新的牌位，我和罗红光相互对视，问对方："你会书法吗？"然后又一起摇头。

已经答应了的事必须要做，我们找来报纸，又向房东家四年级的小姑娘借来笔墨，开始在报纸上练习，写了一阵发现全然不是那么回事。一是完全不可能在短时间内练好书法，二是牌位上的字体不能随便选择。我们二人很是挠头，忽然灵光乍见：咱们不是带着笔记本电脑吗，上面有各种字体啊，很快找出了最适合牌位书写的字体——汉鼎隶书，一个个找出需要的字和适当的大小，我们很是高兴；但新问题马上来了，怎么把电脑屏幕上的字移到牌位上呢？开动脑筋：先用白纸平铺在电脑屏幕上，将所需要的字一个一个描下来，然后用拓蓝纸（复写纸，当时村庄小店中还有的卖）铺在牌位上，再将描好字迹的白纸铺在拓蓝纸上用力描一遍，如此一个个汉鼎隶书体的字（空框）就印在牌位上了；最后我们再用明黄色的颜料将字填满。我们二人分工合作，关起门来从傍晚一直忙到第二天天明。整个过程房东也没看到。

第二天日头升起的时候，老书记慢慢爬上山来。走到窑洞前就看到五个写好的牌位一字排开晾在窑洞的窗台上，阳光正好打在上面，亮闪闪的。老书记大喜，赞不绝口，说："写得太好啦，真不愧是博士！"很快，新牌位就供奉在庙宇中；村民们见到我们都伸起大拇指，友好地打招呼；更重要的是村庄的庙会组织——"社头"和"纠手"开会都邀请我们参加，一起商量"庄事"。

由此，我们知道了村庄庙会的组织、运作过程，"社头"和"纠手"如何产生和轮值，每年的"会事"如何办、办多大，各家各户如何出钱，如何占卦决定是否抬龙王牌位求雨，各庙宇的会期和功能及活动过程；如何"写戏"（请戏班子签演出合同）及如何做到"戏要好些儿，钱要少些儿"……。

（山顶上的骥村龙王庙）

（开"社"会）

　　不同于村政（公家/国家的事）的"庄事"（社区公共事务）及其运作机制清晰完整地展示出来。与此同时，我们和村民、村庄正式与非正式领导者的关系也趋于融洽。

骥村庙会委员会的个案成为我们在田野中的 lucky breaks。当然这种机遇也不可复制，但作为研究者，在具体情境和微妙的人际关系中选择适当的行为方式确实与调查研究的成败有着密切关系。

这里需要时时自觉并有所反省的是研究者的角色和和调查研究中的权力关系：

克利福德．格尔茨（Clifford Geertz）把人类学家称作职业入侵者（professional intruders），说白了意思就是：人家的日子过得好好的，你干什么来了？你凭什么闯入、干扰别人的生活，把人家大大小小的事问个底儿掉？况且你的参与观察和深度访谈除了使你自己获益（写作论文，获取学位，职业升迁等），或许只为满足科学的好奇心之外，对被研究者又能有什么益处？你又如何为打扰了对方而做出相应的补偿？在日益走向市场经济的社会中，等价交换的原则越来越多地支配着人们的行为，而当我们面对研究对象的时候却常常感到未能回报的愧疚。有人可能会说如果人类学家与被研究者建立了友好以至亲密的关系，像熟人、朋友甚至亲戚那样相处，就不必总是惦记着交换回报。可是如果真的成了亲朋好友，你把他们的生活甚至稳私变成白纸黑字公之于众，多少有点出卖的味道，你就不受道德良心上的责备吗？简而言之，无论仅仅是被调查者、资料提供者还是成为朋友、哥们儿，关键的问题是他们是否愿意由你把他们的故事写出来，或者说他们是否同意把原本属于他们的对自身生活进行表述和解释的权力交给你。描述、解释和表达的权力，这是人类学民族志难以绕开的学术伦理问题。

人类学定位于研究 daily life 和 common sense 的学问，而一旦深入民间生活，你会发现普通民众包括农民对人生世事的体验感悟、他们得自于生活沧桑和世代积累传承的生存智慧根本就在你之上，那么紧接着你就会想到还要人类学家干什么？人类学者非但没有资格居高临下地鸟瞰众生、"指导变迁"或"参与决策"，连做一个民间智慧的学习者也不一定合格。在这里，传统人类学惯有的以所谓进步的强势文明面对落后的弱势文明而建立的文化霸权和优越感真该跑到爪哇国去了。田野工作中对被研究者及其文化应有充分的尊重和理解，对研究者的"优势地位"需要有清醒的认识和严肃的反思。实际上，调查者与被调查者（informant）之间是相互观看相互理解的互动过程，观察者也会被观察；调查研究本是一个互为主体性（inter-subjectivity）的过程。

人类学者在田野中希冀看到当地文化未经外部力量触动过的最原始面貌，最质朴的事实，并经由"原汁原味"的叙述得以表现；而研究者的到来和他/她的工作却往往参与或导致了当地人们行为思考方式乃至文化的改变。人类学家乔健的"拿瓦荷印地安人研究"提供了一个人类学调查中的笑话就颇有教益：美国著名的人类学家克鲁伯（A. R. Kroeber）曾经写过许多有关印地安人的研究报告。一次他到一个印地安人家中去访问，每当他向被访者提出问题时，那人总是要回到屋内去一会儿再出来回答，克鲁伯感到奇怪，问到："你是不是到房间去请教你的母亲呢"，那印地安人回答说："我是去查阅一个叫克鲁伯的人类学家写的报告，以免把我们自己的风俗说错了"。人类学者对某种异文化的进入本身就是一个文化变量的引入，或多或少总会对当地文化的"原生态"发生影响。或许可以说人类学者与被调查者的互动亦是再造当地文化的过程。参与往往就是干预，对此亦需有所意识。

田野工作自始至终存在着紧张、矛盾和微妙的变数，是一个充满张力、变动不居的场域，没有一劳永逸的进入，是需要研究者不断审视和反思的过程。调查研究本身体现着权力关系，尤其在中国的国家治理过程中，调查研究同时也是一种权力技术和治理工具。一般而言，调查研究指的是一种中立性的、渐进的认知实践过程，不应有先入为主的思想，不能按固有的教条行动。但是在中国社会中，调查研究常常与制定政策、发起运动、查正情况、纠正错误和改造当地社会与文化紧密相关。从帝国时代皇帝的"微服私访"，到毛泽东早期的农村调查，以及历次政治运动中工作队的调查研究，都使民众自然而然地将调查研究理解为权力工具和治理形式，而调查者都是"上边"派下来的。对此田野工作者自始至终须有清醒的意识。

作为田野工作者（field worker），我们并不想将一地所得或一己之见推广为放之四海而皆准的通则，我们始终处在探寻真相的过程中。我们所能做的只是呈现生活本身的纷繁复杂与丰富多彩，展示平常生命的意义，让无形象者为人所见，让"沉默的大多数"的声音为人所闻，使人们的视野更为开阔，看到更多的可能性和选择，清醒而正确地认识并反省自己，包容和理解更为广泛和异样的"他者"。

2. 村庄里的"总书记"

不知起自何时，怀有乡愁，记住乡愁，成为已经城市化的人们的一种思乡情怀，然而，思念寄于何乡何土却已然成了问题与困惑。

村庄里的"总书记"

骥村，是我们长期做农民口述历史的田野地点，前些年利用国庆假期的骥村之行遇到一件事，让人啼笑皆非却又心酸不已。在村中走家串户时做访谈时，一位称自己为总书记的年轻人走上前来，与我们一一亲切握手，他说"你们不认识我吗？"看到我们摇头，他接着说"我是胡锦涛啊，你们连总书记都不认得？"旁边的村民轻声告诉我们"这是××家的三儿来平，大学生，头脑有毛病了"。慕然，三年前访谈过的一位女性的身影浮现出来——来平的母亲，念过书、村里公认的有文化又爱拉话（方言：交谈）的婆姨，也是我们难得的女性资料提供人。

回想起那次访谈，主要内容都是在说她三儿的病，以至我们想了解的家庭生活史的其他内容都没怎么谈及。来平是村中少有的"爱念书的好娃娃",考上了当地最好的综合性大学,毕业后分配到大学所在城市的市政公用局(村民们都说那是个"可好的单位")工作。来平在大学时交往了一个女朋友,二人相处也不错,但分配时女朋友却去了当地的另一个县,二人因没能在"一搭里"而分手。这次失败的恋爱成为来平精神分裂症的诱因,自此"他的脑子一下子难活(难受的意思)了,到了办公室呀一满(完全)睡不成,又怕,难活得甚也解不开(不明白的意思),乍他不想活了。西安上去,就用那个电片片(电击疗法?)呀"(以上为来平母亲讲述)。经过住院、电疗、服药等治疗过程的来平没有能够康复和回到工作岗位,而是被遣退回到了家里,至今每天在村里游荡;因失眠有时半夜三更还到村民家中要和人拉话。而三年前曾满面愁容地对我们讲述儿子病情的母亲因为过度操心、难过,加上自己患了重病,已经撒手人寰。我查了一下三年前的访谈记录,她当时也只有 63 岁。如今剩下七十多岁的老父亲无力照顾患病的儿子,只好任由这位"总书记"在村子里"游串"。

第二天早饭后,当我们再度走下山坡去村民

家中访谈时，"总书记"已经在路边等候了——他今天衣着光鲜，脸也洗得干净；色彩明亮的衬衫上打着簇新的领带，外着旧式警服，衣兜中还露出钱夹。更为难得的是，他今天清楚地知道自己不是总书记，并且准确地向我们介绍他名叫××，小名叫来平。依旧是走上前来一一握手，而且握住后就不肯松开；这样握着手走路很是别扭，于是我费了好大劲才把手抽出来。来平问："你搽的是大宝（护肤品）吗？喷鼻的香啊"。接着又与我比身高，严肃地说"个子高了不好看"。（据研究心理学的朋友说：这种表现是典型的青春型精神分裂症，一般在青春期起病，亦常与婚恋受挫有关。其症状多为急性骤起失眠兴奋，行为紊乱、幼稚，常冲动打人毁物；情感不稳，无外界诱因而独自喜怒哀乐变化无常，瞬间即转变。思维明显破裂，言语增多，无论唱歌或讲话都是杂乱无章，可有片断离奇的幻觉妄想，等等。）与昨日不同的是这次他把自己当成我们中的一员，执著地跟着我们走家串户，插话打岔，有时让人哭笑不得，不时让我们的访谈工作无法正常进行。

岂止是来平一家的困境？

面对这位村庄里的"总书记"，听到村民讲述他的遭遇，着实让人叹息不止。人们议论说，一个聪明娃娃，书读的好，大学都毕业了，进了城，好工作都有了，就因为一次"恋爱失败"成了"憨憨"（精神残障者）。农民家庭供出这么一个大学生多么不易，这下家破人亡，他本人前程也毁了。村民们感叹这是多么"不值"，同时也多少会埋怨这个年轻人太过脆弱，经不起一点挫折。但人们不易想到的是，一个农家娃，被全家含辛茹苦地供到大学毕业，要以怎样的方式回报家人，又承受着多么大的责任和压力。

先看农村的教育资源匮乏情况：前几年，骥村的孩子们在完小毕业后，可以选择在乡镇中学或者在县中学读初中，毕业后多数人选择外出打工，少数准备考大学的升入县城高中就读。由于乡镇中学的教学质量较低，一种趋势越来越明显：县中学人满为患，一个班通常有一百多个学生；而乡镇中学因生源减少而日渐萎缩甚至难以为继。我们房东家的小姑娘村小学毕业后在相距二十多公里的县城上初中，只能在校住宿。因学生太多，不仅上课的效果受影响，连食宿甚至喝水都成了问题，她母亲就曾抱怨说"孩子生病了连口热水都喝不上，只能喝凉水"。现在这一现象已经出现在村庄小学了：许多农家为了让孩子以后能通过考大学跳出农门，从小学开始就在县城上学，以至当年我们发现，骥村小学二年级只剩下一个学生，没法开课，三年级只有十几个娃娃勉强维持。娃娃在县城上小学一般还需要母亲跟过去在县城"赁房子"，照看、做饭，于是我们也发现一些村干部已经不在村中居住而是在"街里生下"（在城里居住）了。由此不难知道，在国家日益加大义务教育投资的情况下，农民的教育负担并没有减轻。这还只是中、小学的情况，供孩子上大学当然更是一项沉重的负担。

与上述农民教育负担加重的情况相关联，在农民看来，从高中到大学要多念七年书，不仅多花了许多学费、生活费，而且少挣了七年的钱，被供出来的大学生如果不能很好地回报家庭教育投资，当然是得不偿失的。从大学生的角度来看，首先是人数极少，比如骥村许多年才出一两个大学生；如此他们身上更是担负着尽快安身立命、成家立业以回报父母、供养弟妹乃至让全家脱贫致富的重任；而相形之下整个的大学毕业生就业形势却一年紧似一年，毕业未必能马上找到合适的工作，努力工作也不一定能得到升迁，更不一定能在短时间内收入丰厚回报家庭。如果把供娃念书看作是一种期待较好回报的投资，那么对于普通农家来说其实更像是一种押宝赌博，而且获得回报的不确定性即风险日渐增大。

了解了这一背景，我们不难想象，来平的"处对象"失败很可能只是压垮他精神支柱的最后一根稻草。我们无法感受这个可以算得上优秀的农村后生经历了怎样的心理崩溃过程，也无法真正设身处地地体验一位农家母亲所经历的痛苦。这一过程中可能不无他个人性格弱点等方面的原因，但我们能够意识到，这病症、这不幸的原因是个人的、家庭的，更是社会结构性的。这个村庄里的"总书记"是不是能让人想到更多更深呢？

城乡一体化的悖论

在中国快速城镇化的进程中，人们一边惊异于城市面积和人口的急剧扩张，一边又感叹着乡村精英的流失和乡村社区的凋敝，并时常将其归因为城乡之间的人口流动。农村的留守儿童、留守老人、留守妇女问题越来越突显，且似乎的确是伴随着城市化进程而出现的。但如果我们用历史眼光和结构性视角去看待分析这些现象，就无法回避这样的问题：今日乡村的困境包括老年人自杀率上升、儿童认知能力偏低、家庭生活不正常等等仅仅是由于人口流动、青壮劳动力外出打工造成的吗？

人类社会从传统走向现代，通常有一个"农民终结"的趋势。"农民的终结"曾经是一个法国及西方国家的命题，而今天也是中国社会现代化的命题。我们不妨先看一下《农民的终结》的作者是在什么意义上讲"终结"的。他所说的终结并非指农村消失了，农业不存在了或居住在乡村的人不存在了。其书在1984年再版时法国正在经历作者所言的"乡村社会的惊人复兴"，其表现为：（1）农业人口的外流仍在继续，同时乡村人口的外流却放缓了。1975年以后流动方向发生逆转，有些乡村地区的人口重新增加了。（2）农业劳动者在乡村社会中成为少数，工人、第三产业人员经常占大多数。（3）家庭与经营分离，从事多种就业活动的家庭经营成倍地增加。（4）通讯和交通网络进入乡村系统。（5）乡下人享有城市的一切物质条件和舒适,他们的生活方式城市化了（70年代完成的）。"法国社会的这个奇特的矛盾在任何其它国家中都看不到：乡村在生活方式上完全城市化了，但乡村和城市之间的差别仍然如此之大，以至于城市人一有可能就从城里溜走，仿佛只有这一点才赋予生活一种意义"。传统意义上自给自足的农民已经不存在了，当前在农村中从事家庭经营的是以营利和参与市场交换为生产目的的**农业劳动者**，这种家庭经营体从本质上说已属于一种"企业"，但较工业企业有其自身的特点和特殊的运行机制。永恒的"农民精神"在我们眼前死去了，同时灭亡的还有家族制和家长制。这是工业社会征服传统文明的最后一块地盘。于是**"乡下人"**——成为化石般的存在物。[1]

相较于其他国家的城市化过程，中国所面临的现实是**农村趋于凋敝，而农民却并未"终结"。**农民问题在中国社会转型过程中是最沉重也是最

---

[1][法]H. 孟德拉斯，《农民的终结》(1964-1984)，李培林译，中国社会科学出版社，1991 年。

严峻的问题，我们可以从两个方面加以表述。其一是城市化制约：长久以来制度安排形成的结构性屏障限制了城市化的正常进程，农民作为国民人口的大多数、粮食商品率稳定在35%以下，是持续已久的现实。直到2011年底，中国城镇人口才首次超过农村人口，达到51.27%。而农民进入大城市的制度瓶颈依然存在，并且已经城镇化的农民在就业、生计、保障和后代可持续发展方面也依然存在困境。已故的三农问题专家陆学艺先生曾经批评到："城市在扩张过程中需要绿化美化，在农村看到一棵大树很漂亮就要搬到城里去；连大树都城市化了，却不让农民城市化。"

其二是农民工困境：与城市化问题相关，改革开放四十多年来形成的农民工问题没有从根本上得以解决。相关统计数字显示，全国农民工总量已达2.7395亿，其中新生代农民工已成为这支流动大军的主体。[2]

我们可以新生代农民工为例，所谓"新生代"并非仅仅是年龄或代际概念，而是一种新的生产

---

[2]参阅
http://www.gov.cn/xinwen/2015-04/29/content_2854930.htm，登陆日期：2015-12-10.

关系和新的身份认同交织在一个"世界工厂"时代的劳工群体。与其父辈相比，其自身鲜明的特点折射出"新生代"作为制度范畴，与乡村、城市、国家、资本所具有的不同于上一代的关系。他们受教育程度较高，不愿认命，有着更强烈的表达利益诉求和对未来更好生活的要求。而他们所面临的似乎无解的现实却是融不进的城市，也不愿回去的乡村。

从农民的概念出发，我们很容易理解，中国农民从来不是作为 farmer 存在的，他们不是农业经营者或农业企业家，而是作为 peasant 的小农，他们从事的只是家户经济。农民与其他社会群体的区别根本上不是从业的、职业的区别，而是社会身份、地位的差别。在中国语境下，无论将农民放在社会分层的什么位置上——曾经的工人阶级最亲密的同盟军也好，社会金字塔的最底层也罢，中国农民都不是劳动分工意义上的类别，而是社会身份和地位上的类别。

解决农民问题，推进中国的城市化、现代化进程，必须改变长期以来的城乡二元结构，提升农民的社会地位，向农民还权赋能，即还他们作为公民应该具有的生存权、财产权和追求幸福的权利。如此，来平一家的悲剧，骥村农民的困境，乡村社会的颓败之势是否可以避免呢？

2017 年 7 月 1 日

3. 田野外记之乘火车旅行

利用假期时间去了已经近两年未见的骥村，先说点儿调查研究以外却又与之不无联系的话题：铁路交通问题。

暂且不提购买车票的情况是多么令人生疑（只能购买软卧，而实际车上并不拥挤），也不提西客站是多么一如继往地管理不善、混乱和荒谬，只说火车到了作为著名红色旅游圣地的一个中等城市，我们要在这里转车去往目的地的小县。新建的火车站高大漂亮，其富丽堂皇的程度使人颇具身临北京机场 T3 航站楼的感觉。

其实这里一天只有为数不多的几次来往列车，所以只有三个候车室和一个软席候车室。这天恰逢当地电视台在车站拍摄，于是我们在摄像机的俯视下经过查票、安检、剪票等程序进入站台。站台工作人员以安全为由要求所有旅客整齐地排成数队，每队间隔约两三米，工作人员则沿安全线面向来车方向以立正姿势站成一排。看到此景我心中不免有些疑惑：由于是路过列车，停站时间只有两三分钟，最省时间的办法是让旅客分布

在各个车门的位置等候上车，可这密集的队
形……？

正在疑惑当中火车进站了，一时间秩序大乱。
人们蜂拥至有限几个打开的车门，争先恐后地上
车，挤得七荤八素。我的左手因为护着相机包被
挤在身后，费了好大劲才将手抽回（手表大概就
在这时离我而去）。车上其实并没有多少人，上来
后都有座位。坐下后想看下时间才发现手表早已
不在，#$%&*！这是什么管理！就为了拍电视好看？
非要求乘客整齐划一排排站，上车时的拥挤混乱
完全是人为造成的！

再说说回程历险：从小县城火车站买票候车，
同样经过安检、查票、剪票的程序，进站后同样
被车站工作人员要求整齐排队——他们面对肩扛
手提大包小袋的农民旅客大声吼着："站好队！不
许动！"，就差没说"举起手来！缴枪不杀"了。
俨然军事化管理。在这个更小的车站当然都是路
过车，停车时间更短，可等候上车的人却更多。
已经熟悉了这一幕的我忽然间明白了这种管理模
式的逻辑（至此我真佩服自己的理解能力）：如果
旅客分布在整个列车沿线，车站工作人员无法全

部看到，如果出现安全事故（如离火车太近或有人跳下铁轨等）他们需承担责任；但是火车一旦进站停靠，旅客在拥挤上车时发生什么危险或者是否能在短时间内全部上车，那就不是他们关心的事了。

这不，列车开进站停靠了，车站人员就什么也不管了。这回我一看，难度加大了——火车停靠第二站台，旅客们得穿过第一条铁轨，而第二条轨道没有站台，车门的阶梯距离路基有超过一米，下车的人艰难地跳下来，老头老太简直是难上加难；上车的人更需高难度动作——必须双手抓住车门两侧把手，前腿高抬，后腿蹬地，全身用力向上猛攀。正当我蓄势待发，列车上的乘务员突然拦住欲上车的旅客，同时吼到："把车票都拿出来，否则不许上车！"简直 TMD 混帐！我这时都想打人了，但也只能冲他大吼："进站时都三查五验了，没有票进得来吗？"同时仗着个儿高，全力攀登上车，不理那个乘务员，反正这次也没手表可丢了。我的旅行同伴——身高只有一米五的小 H，我都不知道她是怎么上来这一米高的台阶的，我只顾得上反身帮她将箱子提上来。这就是我们的铁路服务！以什么为本？天知道！

好不容易上得车来，安顿好行李，挤得满头大汗。开车了，车厢中的"服务"就开始了。不同乘务员先后前来在挤满旅客的过道中推销商品，计有：袜子，吸烟除害卡（据称放在烟盒中可以自动将尼古丁、焦油等有害物质吸出），烟嘴（也是滤除尼古丁的），黑晶石项链和手镯，毛主席雕像金卡，等等。前几种东西的宣传不必细说了，无非是各种我们已十分熟悉的有利健康或包医百病的鬼扯广告词。毛主席像金卡的宣传词是这样的（凭记忆大致如此）："旅客朋友们，大家都知道，毛主席是我们的伟大领袖，没有毛主席就没有我们的今天，吃水不忘挖井人。我说一件发生在毛主席故乡韶山冲的奇迹：1993 年，为纪念毛主席诞辰 100 周年，韶山人民建立了一座毛主席铜像，在 12 月 26 日举行盛大仪式，由江泽民同志为铜像揭幕。就在红布揭开的时候，奇迹发生了——漫山遍野的映山红在 22 分钟内全部绽放，这可是寒冬腊月啊（#@$%&，这不是在公然宣传迷信吗？）。所以说，毛主席是最有福气的一代伟人，我手里的毛主席雕像金卡正面就是韶山的毛

主席铜像，背面是十二生肖，大家可以根据需要
选择给自己或爱人或朋友购买，保证可以给朋友
们带来好运。南方的许多汽车司机都在车内悬挂
毛主席金卡，可保佑安全行车。金卡价格××，
国庆节期间优惠每张十元。大家赶快来选择
吧……"。

　　这次出行经历让我更加明白了一个道理：无
论哪个行业，哪怕是如铁路这种最重要的服务行
业，服务相对于治理来说也是无足轻重的；而对
于治理者或管理者来说，**统治的面子永远比里子
重要**。这正是一种独特的治理逻辑，或者说具有
中国特色的逻辑，也不妨理解为共产主义统治的
逻辑之一种吧。不是么？看看各种官方组织的活
动，尤其是大型的盛会，不是都体现着同样的逻
辑么？

2008-10-6

4. 生命的窘迫与困惑 —— 记一位"不适应的"老人

从美国人类学家和社会心理学家威廉．托马斯（William Thomas）的著作中，我们获知了"不适应的少女"（托马斯，1988年）这一概念[1]，它指的是通常处于青春期的，由于家庭、社区或特殊事件的不良影响而导致背离社会规范与共同价值的个体。而我们在地处偏远的一个村落社区中却接触到一位可以称得上是"不适应的"老人。这位已届风烛残年的老者难以适应的正是他生长于斯的故土家园。

在黄土高原的一个小山村中，我们认识了世琦老人。他80岁了，照他自己的话说："耳也聋了，眼也看不清了，什么都不行了。" 好在他有文化，我们可以通过递纸条用书写提问方式弥补交谈的困难。这是一个生计艰难、愁苦而沮丧的老人。八十来岁的人了，要自己做饭吃，还要照

---

[1]参见威廉．托马斯，《不适应的少女》，（钱军等译），山东人民出版社，1988年版。

看一个五十多岁却没有独立生活能力的大儿子，
另一个已经成家立业生子的二儿子也不照顾他。
这样一种生活景况与老人依照其自身条件应享有
的晚年生活似乎相当不符：世琦出生在一个富足
的地主世家，属当地主要姓氏宗族的"五老门"
（宗族的五个分支）中的第二门，年少时衣食无
缺，生计富裕。他本人中学毕业，还在当时的行
署所在地上过二年半师范学校。1949 年前后都长
期任国家正式承认的教师职业。其家庭因在老根
据地土改时有积极表现而被授予"开明地主"之
称。这样一位有着光荣的历史和乡村社区中少有
的文化教养的相当特殊的人物，其眼前的生活状
况却是如此不如人意，这种反差使我们以一种探
寻其中社会文化内涵的兴趣关注他那不平凡的人
生经历。

　　世琦老人生活的骥村位于陕北老革命根据地。
早在四十年代初就曾有中央调查团前往从事农村
社会调查，主要内容是了解土地等生产资料的占
有和雇工等经济生活状况，从而据此做出农村的
阶级划分。世琦当时还是一个年轻人，因其有文
化及其地主家庭背景，曾作为协助者帮助调查组

了解和评估土地的占有分布状况，介绍地主集团内部的情况。世琦老人现在还清楚地记得调查组每个成员的名字、他们之间的关系、某某比他只大一岁，以及他们使用特殊的符号（速记）把当地人所讲的话很快地记录下来等情景。我们不妨把调查组的进入和所从事的工作视为一次来自外部但却是上方的文化意识与当地文化的互动过程，由此不难理解，世琦作为一个个体，在其社会化和文化濡化（enculturation）过程中，由于不同于本土知识的外部文化因素的介入，对其生命历程发生了作用。较之当地其他人，他比较早和比较密切地接受了另外一种意义系统的影响。而此影响的结果在其后不久的土改运动中表现出来。

作为当时共产党边区政府所辖的地域，骥村的土改在四十年代后期就开始了。先是"试办征购"，后来才是"土地清算"。在运动之初的"试办征购"阶段，曾经有过号召地主"献地"、"献金"的一个时期。骥村的几十户地主中，只有世琦一家地主将二百亩土地献出去，捐给了政府。老人回忆说："一般的人都不往出献，我起了带头作用，还登了报纸，上了黑板报"。当时世琦

父亲已经亡故，献地是他自己的主张。为了表扬
他的带头作用，土改时给他定了"开明地主"的
头衔（请注意：世琦总是说自己当时定的是"开
明人士"，从来不用"地主"这个字眼）。此后，
他还被聘请参加了土改工作团，帮助政府了解地
主财产转移和被当地村民私拿私藏的情况。如果
说他最初较当地其他人更多地接触了外来的正式
权力体系的影响，那么这一阶段可以说他是比较
积极地响应、配合了上述权力与观念的乡村渗透。
"献地"之举和对土改工作团的帮助在社区中都
是相当不同凡响的行为。

　　新政权建立后，世琦一直在家乡及周边乡镇
的小学和中学里教书，是国家正式教师。但在
1962 年，由于困难时期经济紧缩政策，许多已经
进入城镇和正式单位的农村籍员工又按政策规定
被精简下放、回乡务农。世琦也在这一年糊里糊
涂地（被）退了职，又回到老家骥村。他回忆说
自己是称职优秀的"正式教师"，而相形之下当时
学校中有许多人只是"教学辅导员"。有一天他
到县里开了一个会，回来就毫无原因地被会计通
知退职了（与老人谈到这时，其儿媳妇在旁边不

停地数落老人："生活没维持，你为啥要退呢？"世琦答曰："人家叫退呢。"儿媳说："人家叫退你就退啊，那人家叫你死你就死啊？你个人没主意嘛，风往哪边刮你就往哪边倒。"）退职回家标志着世琦从原已进入的正式体制内退出，从"公家人"（虽然仍在体制的下层和边缘）再次成为不端公家铁饭碗的农民。而这可以理解为他继续跟随国家政策和正式意识形态的行为表现。

退职回家是世琦人生道路上的重要转折，从此他生命旅途中的下坡路就开始了。回家后的三十多年中他都不能重新适应和再度融入乡土社会的文化环境，无法再习得当地的地方性知识。他不能用当时乡村唯一的谋生手段——种地来维持生活，曾经想自学中医针灸也未学出什么名堂。他的儿媳妇形容他是"自己没主意，又没本事，受不下苦，四十几上退了职，几十年就这么'生着'（当地方言，歇着、呆着的意思）。" 世琦的长子据老人自己形容因为"恋爱工作失败"，头脑有些毛病，五十多岁了还是一个人，劳动、生活都不行。二儿子娶妻生子在村中安家。本来还有一个儿子和一个女儿，因当时家庭生计困难都给了别人。世琦原来与二子一家共同生活，大约十年前开始享受县政协发放的每月五十元生活补贴，近年因为儿子媳妇嫌弃，又被"拎"出去单过了。这种生活处境使老人的心理难以平衡。我们每次见到他，说不上几句话他就会把话题转到老路上，"原来和我一起的人（指有国家正式工作但没有退职的人）现在（生活补贴）都涨到四百、五百了，我还是那五十元。"不难想象他每每对外来的人讲述自己的不幸，而在他的亲属和村民眼中，他的形象大概和祥林嫂相差不多。

　　世琦的生命历程展示出一种人生的全面失败。无论在物质生活、经济活动、家庭生活和社会声望各个方面，他都是一个失败者。他在耄耋之年被家庭（儿子、媳妇）抛弃，独自艰难地度日。然而，这些遭遇却没有得到我们想象中似乎应有的村民们的同情。例如，世琦祖上传下的几孔窑洞因位于一个革命纪念馆地界内，公家要收买，世琦因此卖得两万多元钱，这原本可以成为他老年生活的保障。当时他还在和儿子媳妇一起过活，因为要指靠小辈人的赡养和照顾，世琦就把钱交给了儿媳妇。但这以后不久他就被"拎"出去单过了。在我们看来，如此对待一个无助无靠的老人无疑应受到舆论的遣责甚至有关人员的干涉，但是我们听到的却是村民们对世琦老人的不利的说词，"他甚么正经事也干不了，整天就生着"，而村干部则说，"谁让他那么早就把钱都给了儿媳妇？交权交早了嘛"。

世琦在骥村这样一个社区中与村民们不能相互认同，举止言谈似乎都格格不入，他像是一个身在此地而心灵和思想都在另一世界中的人。他返乡后从没有真正参与当地的经济活动与社会生活，他甚至不能用任何一种可能的谋生手段来养活自己；而在他的话语和性格中又相当多地保持了体制内的特征。他说话所用的言词常常让我们怀疑正置身于一个小山村里，例如，村民们说"没论下婆姨"（即没找到媳妇），他却说"恋爱工作失败"；农民们常说"生活没高低，吃食没好坏，五谷杂粮能吃饱身体就好"，他却不止一次地对我们诉说自己"营养不全，整天吃面食没什么营养。又患有十二指肠溃疡、胃溃疡、肾病，心情不愉快……"。一些大人物的名字也时常在他嘴边出现，例如某某某的秘书专门到过他家，某某写过他的材料，但是这些人他又都指靠不上。正如他自己说的，"外边的人（指在外为官或功成名就的人）对我帮助不大"。村民们佩服的是"受得下苦"、有本事过生活的人，至于是否会使用官方话语和科学语言、认识多少外边的大人物对他们来说并不重要。

在当地社区中，世琦老人生活在一个边缘的、差不多被遗忘的角落。这位不适应的老人很容易让我们联想到克利福德•格尔茨（Clifford Geertz）在《地方性知识》（*Local Knowledge*, Basic Books, 1983）一书中所讲述的雷格瑞（Regreg）的故事，这个生活在巴厘岛的不幸的人因为妻子出走引起的悲愤情绪而拒绝在社区中应尽的义务，最后导致被所在村庄、家族和直系亲属遗弃和驱逐，甚至一位来自正式权力系统、同时在当地信仰系统中兼具神圣性的高级地方官员的干预也未能改变当地人们对他做出的裁决。因为在他们心目中，"不同类别之间的界线是分明无误的。无法归入类别的任何事物都会破坏整个结构，必须加以纠正或者把它消除"。而且，基于不同的"世界存在方式"（the way the world is）的意义系统有各自的分野，人们据此去组织行为并维持这些系统的方式。不同的意义系统之间不能兼容，因为生活在不同意义系统中的人们视对方的行动为无意义或者赋予其不同的意义。格尔茨将此概括为"一种赋予特定地方的特定事务以特定意义的方式"，亦即所谓的"地方性知识"（local knowledge）。[2]

在一个相对偏远、闭塞、自足的小山村中产生的这样一个不适应者，一个当地生活中的失败者，引起我们对于地方性知识和作为外来文化因素的国家意义系统或者叫体制意义系统的关注与思考。令人有些难解的是，为什么他对生于斯长于斯的社会却不能适应，这种不适应是如何产生的。与格尔茨讲述的雷格瑞的例子不同，世琦并没有去直接对抗自己所在社区的规则，并未对原有秩序造成负面影响。如果说所谓不适应表现为行为的失范，即在其他社会成员眼中通常被视为变态的行为，那么世琦的行为方式也只是对社会认同常轨的有限偏离，他所做的只是曾经努力地去适应与迎合来自正式制度的意义系统，只是根

---

[2]参见克利福德·格尔茨，《地方性知识》（邓正来译），载《国外社会学》1996 年 1-2 期，第 85-105 页。

据那样一种外来的系统知识去行事，即响应国家号召、政府政策和靠拢正统的意识形态。但却因此与众不同而导致对地方性知识的背离，失去其他社区成员乃至亲属们的认同，造成对自己所生长的文化土壤的"水土不服"。

如果将人喻为"置身于自己织就的意义之网中的动物"[3]，那么世琦老人的经历则表明离开原来所处的意义之网而进入另一个意义之网，但却只在其边缘逗留而旋即又被抛回原来的网中；而此时他已经如同一只改变了特性的蜘蛛，形态、色彩、气味都不同了，不能再融入这个自身所从出的老家故土，因此处于无所依附和寄托的境地，成了一个文化上的出局者。老人对这样一种尴尬的文化处境有切身的感受和理解，他说自己的一生"先是被利用，然后又被抛弃了"。

这位不适应的老人的故事让我们再次体会到格尔茨所论证的"知识形态的建构必然总是地方性的"（Geertz, 1983）。同时它也让我们在更

---

[3]Geertz, Clifford, 1973, *The Interpretation of Cultures,* New York: Basic Books, Inc. P. 5.

为动态、复杂的视野中看到，当一个外来的文化意义系统（此外来文化系统与地方性知识的复杂关联暂且存而不论）加于原有的地方性知识系统之上时，如何改造、重塑了一个个体，使之在原有生活世界中完全不适，而此种不适又形象地表现出两种文化意义系统的不协调与不相容。当代的文化人类学关注个人和群体生活所凭籍的意义结构，此意义结构是通过"对理解的理解"而得以沟通、解释和表述的。骥村的个案让我们能够了解作为主流意识形态的国家意义系统如何与地方性知识发生联系与相互作用，又如何影响到个体的生命历程。据此，个人的生活史便可与大的社会文化的结构和变迁发生关联，成为不同意义系统之间关系的一种隐喻，进而提供从个体的生命经历理解国家与民间社会的关系、从微观叙事与个案研究探索深层文化意义和宏观社会世界的路径。

5. 鸠占鹊巢 —— 陕北最好的窑洞是谁家的?

三年了，这个偏远的西北山村——骥村有了一些变化。因为这里是我们进行二十世纪下半期农村社会生活口述历史研究的调查地点，几乎每年都要来村里住上一段时间，只是这三年因为种种原因未能安排。村里通了"油漆路"（当地人对柏油路的称呼），路边栽了"风景树"（用作观赏的柏树）和"大雏菊"，一条车道绕行到原先只能沿坡而上的"革命纪念馆"。纪念馆是纪念毛主席1947 至 1948 年率党中央转战陕北时在此生活战斗过，它的前身实际是当地声名远播的马氏宗族庄园。这一称为"新院"的院落始建于上个世纪20 年代末，由毕业于同济大学并曾留学东洋、主攻土木工程的马氏子孙设计建造，历时十余年而成。其"主体建筑为十一孔石窑，有出有收，一破呆滞。平面成倒山字形，穿廊挑檐高昂大方，挑石细雕应龙祥云，搭檩飞椽举折，檐随窑转，回折连接，檐面青瓦滴水，窑上砖栏花墙。……体现了中西合璧的风格，成为窑洞建筑的典范"

（引自《马氏家族志》）。

当年毛泽东看到这处窑洞院落后称到："果然名不虚传。这窑洞整齐漂亮，还是新的，太好了！"毛泽东率党中央转战陕北期间在此"住的时间最长，也住得最安宁"。不仅如此，毛泽东还在这里发出了"小米加步枪"的动员令，写下后来收入《毛泽东选集》、《毛泽东文集》的"目前形势和我们的任务"等四十篇文章；此外，中共中央前委扩大会议也在此召开。这所地主庄园因为毛主席"生"（方言：居住）了四个月而成为当地的一处重要的"人文资产"——1971 年被定为省级文物保护单位，1978 年 12 月 26 日恢复原貌，开放展出，命名为"毛主席旧居"。近年又升为全国重点文物保护单位，更名为"革命纪念馆"，尤其是在保持共产党员先进性教育运动中成为"红色旅游"的重要景点，普通门票 19 元，邮资门票 20 元；此外，修路、栽树包括周围山上的绿化也都是围绕着这一红色景点实施的。"旧居"所在的村庄也因此而获全国第二批"中国历史文化名村"的称号。

"新院"变成"旧居"，不独是房屋功能、属

性的改变,更是象征和意义的转变。重要的是村
民们也已经完全认同了这种变化,他们非常一致
地以"旧居"指称那处地方,如果不是那院落大
门上镌刻着"新院"二字,这个名称几乎被人们
遗忘了。虽然村民们对政府有关部门从这一原本
属于村庄的"景点"获取不少好处而这些好处与
村民全无关联多有抱怨,但并不影响他们对"毛
主席旧居"的认可和景仰。

　　发生这种功能、属性和象征意义转变的还不
止"旧居",当年马氏家族的祠堂和学校也正在经
历这种变化。作为重视教育、尊崇"耕读传家"
的名门望族,马氏宗族在辛亥革命后改私塾为学
校,马子衡在寨子上最高的峁顶修建三孔石窑,
办起私立小学,命名为"讲堂"。办学经费由家族
庙产提供,教师伙食由各户上学子弟家中收集的
粮油解决。1916 年马重光还办起女校,使马家的
女儿和年轻媳妇们也能够上学读书。到 40 年代马
氏家族的这所"扶风小学"改为县办公属,不仅
马氏子女,其他姓的村民甚至一些长工、佃户等
穷苦人家的子女也有了上学接受教育的机会。这
里走出了诸多的文人、官员(包括共产党和国民

党的）、学者、专家、企业家和社会名流。在上个
世纪 20 年代,时任扶风小学校务主任的马润书受
族长委托，在子衡修建的"讲堂"北面又建起了
三楹二进的石结构大开厅作为马光裕堂的祠堂，
祠堂内设祭祖贡案、神主龛，供奉自先祖嘉乐开
始的各门各辈祖先牌位。至此，"讲堂"与祠堂成
为不仅是马氏家族的物质与精神财产，也是村庄
里最重要的人文景观。

（上图为正在修建为革命遗址的老祠堂和
"讲堂"。　　　　　　何江穗/摄）

1947 年 11 月至 1948 年 3 月毛泽东和党中央
在此居住时，祠堂曾经作为西北野战军前委扩大
会议的会址，毛泽东做了重要讲话；宜川大捷后，

在这里召开祝捷大会,毛泽东、周恩来等发表讲
话并与干部、战士和群众一起扭秧歌庆祝胜利;
1948 年 3 月 10 日,就在扶风小学前的空场上,
周恩来向中央机关干部和战士做了东渡黄河转赴
河北的动员报告,据说毛主席发布东渡动员令即
在此地,因而该地被誉为"新中国从这里走来"
的标志着革命转折点的革命遗址。

当我们在冬日暖阳下爬上峁顶的时候,"讲堂"
和祠堂内外都正在大兴土木,往年来这里所感受
的荒芜萧索已经被热火朝天的施工场景替代。问
及工程组织者和正在干活的民工,都回答说将建
成革命遗址,与"旧居"一起成为供人们参观学
习的革命教育基地。

这里当然是名符其实的"遗址",但问题是究
竟谁是遗址的主人?是专属的遗址还是共享的遗
址?这问题具有历史与现实的双重含义。近些年
我们听闻不少有关遗址的争抢事件,例如有关李
自成、诸葛亮之类的历史文化名人的故里之争,
而且不仅他们的出生地,他们活动甚至死亡的地
点都发生过争夺。我们不禁会联想,骥村的"遗

址"会不会有这类争夺呢？答案也很明确，在所有的政治资源、文化资源乃至生存资源都被垄断的情境下，象征和话语的争夺几乎是无从发生的。

我们所看到的是，遗迹的象征和意义被重新生产出来，我们所能想到的是，历史的构建又何尝不是如此？历史的被占领与遗址的被占领一样地发生，历史按照同样的逻辑被书写、被表述和被接受，这样的逻辑正是我们一直苦心探求的共产主义治理的逻辑。

每个村落都有自己的历史，那里上演着错综复杂的宗族关系、阶级关系、邻里关系，以及社区与外部世界的关系，也上演着无数普通人琐细卑微的悲欢离合、喜怒哀乐；那里的人们对亲历的历史有着自己的解说和评价；然而在大历史的舞台上这些非正式的历史都是隐而不现的，或者因为其零散混乱而根本没有显现的资格。地方史、村落史和普通人的历史构成我们收集和研究口述史的主要内容，在进行这样的田野工作和研究时会经常遇到来自外部和内心的疑问：这些历史是真实可靠的吗？它们在多大程度上受到讲述者的

记忆、情绪、心境、人格以及情境的影响?它们
又在多大程度上因为今天的现实而发生改变?

在骥村,一个土改时"斗地主"的事件为村
民们广为讲述,这个"故事"我们也不知听过多
少遍了。事情的大概过程是:1947 年末骥村土改
斗争地主的时候,毛主席正在这里"生着"。与周
边许多村庄的做法一样,为了逼地主交出金银元
宝,采取了吊打斗争的方式。当时有三个(另一
种说法是四个)地主及地主婆姨被吊在柏树上用
麻绳蘸水抽打,有的还压了石板。毛主席得知这
一消息后立即予以制止,并在稍后的中央十二月
会议上专门强调,"共产党原则上要主张废止肉
刑",因而实际上这种斗地主的方式在骥村只持续
了一天。村民们今天依然说"骥村的财主洪福大
得恶(方言:非常大)了","财主沾了毛主席的
光了"。当时毛主席是从照看小女儿李讷的保姆
(另一说是警卫)那里获知吊打地主之事的,村
民们对这一细节的讲述极具场景性和生动性:"毛
主席一天没看见小女儿,后晌看见李讷就问,'李
讷李讷你哪串去了?'(注意完全是用当地方言)
李讷回答说'我看打人去了'"。毛主席就此知道

了下面发生了什么并且及时采取了措施。

同样是从村民的讲述中得知，当时中共中央（称为"亚洲部"，毛泽东代号李德胜）在骥村的寨子上居住，警卫班、警卫排、警卫连布局严密、各守其职，外围还有民兵站岗，老百姓根本没有可能接触到核心人物，当然也没有可能看到听到他们的行动和言语。所以上述场景和对话可想而知是村民用事实加想象进行的创作，然而，谁能否认事件的真实性和村民对其真实的感知与理解呢？更何况，历史都是建构的产物，白纸黑字的历史、官方的、正式的历史难道不同样是人的创作？所不同的在于那是文字和话语的支配者、权势者的创作。当地人和亲历者有权利和能力讲述和评价属于他们自己的历史，也应该有他们自己的历史观，而不是仅仅被动地接受一种历史的讲述和被灌输某种历史观。

那些被重构了的历史和那些被占领的遗址一样，等待着我们去发掘和发现。那些被告知历史的人们，作为被教育、被治理的沉默的大多数的存在，在历史的建构中消失了踪影，埋没了声音。口述史研究可以告诉我们，他们的经历、他们的记忆、他们的讲述和评价至少应该与官方的、正式的、文字的历史有着同样真实和重要的内涵与意义，而底层的历史和底层史观在宏大叙事中的淹没和重新呈现对于揭示共产主义治理的机制和逻辑更是不可或缺的基本材料。

在写了上篇小文一年之后，我又来到了骥村。秋日阳光下的梁梁峁峁散发着收获的气息。天空蓝个莹莹嗞，苹果红个彤彤嗞，谷穗沉甸甸的，野花黄灿灿的，暖暖的山野空气让人沉醉。

去年所见的大兴土木（见前文"关于历史构建的思考"）已经完工，新修建的毛主席转战陕北纪念馆取代了马氏的宗祠和学堂；先进的电脑控制的声光电沙盘、投影仪和可升降屏幕、诸多示意图和照片让原先的宗祠和讲堂变为展室，讲述着革命的峥嵘岁月。与我们相熟的老馆长已经退了，新来的工作人员都是县上安排和支付工资的，我一个也不认识。在房东的引领下我们得以免费（门票20元）参观了新落成的整个纪念馆。参观中的一件事让我不禁莞尔却又若有所思。

（教室改成的纪念馆展室）

（老祠堂改建成的转战陕北纪念馆）

　　毛泽东"旧居"北侧的院落是"中央十二月
会议"的旧址，走进院子，映入眼帘的是重新布
置过的会议室和当时中共各位领导居住过的窑洞，
每个窑洞门上都专门标出×××旧居字样。在彭

德怀旧居和汪东兴旧居门口我们停住了脚步,我向同行的工作人员询问:"这里原来不是六旦住的窑洞吗"?答曰:"现在也是六旦住着哩。公家出十五万买他的窑他不肯卖,要价三十万呢"。六旦没在家,门锁着,从窗户向里望,脏乱依旧;但为了红色旅游的需要,窑洞外面已粉刷一新,门上和其他"旧居"一样挂着簇新的白布门帘,院子地面也光洁干净。

　　六旦何许人?居然"占据"着革命遗址的地方?此事说来话长:多年前我曾经写过一篇文章题为《不适应的老人》(载《读书》1998 第 6 期),讲述了村里一位名叫世琦的老人的故事。那是一位生计艰难、愁苦而沮丧的老人,八十多岁的人了,要自己做饭吃,还要照看一个五十多岁却没有独立生活能力的儿子,另一个已经成家立业的儿子也不怎么照顾他。这样一种生活景况与老人依照其自身条件应享有的晚年似乎相当不符:世琦出生在一个富足的地主世家,属当地主要姓氏宗族的"五老门"(宗族的五个分支)中的第二门;年少时衣食无缺,生活富裕。他本人中学毕业,还在当时的行署所在地上过二年半师范学校。解放前、后都长期任国家正式教师。其家庭因在老根据地土改时积极献地之举而被授予"开明人士"之称。他本人曾经在中共农村工作调查团进村调查时作为协助者帮助了解和评估土地的占有分布状况，介绍地主集团内部的情况。后来他还被聘请参加了土改工作团，帮助政府了解地主财产转移和被当地村民私拿等情况。这样一位有着光荣的历史和乡村社区中少有的文化教养的相当特殊的人物，其眼前的生活状况却是如此不如人意，这种反差使我们在第一次接触时便以一种探寻其中社会文化内涵的兴趣关注他那不平凡的生活经历。1962 年是世琦人生境遇的一大变故。由于当时国家的紧缩经济政策，许多已经进入城镇和正式单位的农村籍员工又按政策规定被精简下放、回乡务农。从教师岗位退职回乡是世琦生活道路上的重要转折，从此他生命旅途中的下坡路就开始了。回家后的三十多年中他都不能重新适应和再度融入乡土社会的文化环境，无法重拾"地方性知识"。他回家后从未真正参与当地的经济活动与社会生活，他甚至不能用任何一种可能的谋生手段来养活自己；而在他的话语和性格中又相当多地保持了体制的特征，以致和同一社区中的村民们不能相互认同，举止言谈经常格格不入。例如他把儿子的"没论下婆姨"(方言:没娶上媳妇)表达为"恋爱工作失败"。他像是一个身在此地而心灵和思想都在另一世界中的人，从而出现我所概括的对自身所生长的文化土壤的"水土不服"。这位"不适应的老人"在对人生全面失败的感受中走到生命的尽头。

世琦的故事到了他的下一代六旦这里有了意义不同的延续。

六旦乃世琦长子，十年前已年过五旬，至今仍是孤身一人过活。早年因"恋爱工作失败"，头脑有了毛病，不能劳动，其父去世后一直靠兄弟接济生活。村里人都认为:说他"憨着了"(智障)，其实他可"精明"了，"一满不憨"，就是怕动弹，不劳动。他的懒得动弹一望而知,居所内黑黢黢、乱糟糟的，衣服"一满恶水的"(指肮脏)。今年见到的六旦，似乎比较干净了一些，一问方知因为他喜欢打麻将,而别人嫌他身上太脏不跟他耍，所以只好稍微拾掇一下。六旦的父亲即我们访谈过的世琦老人前几年去世，留给六旦的两眼窑洞名正言顺地是六旦的房产。

引人关注的是其他划为革命遗址的窑洞、院落都已尽数归公，唯有这六旦的窑洞买不下、迁不动。而他提出的三十万要价显然不合常理。原因何在？因为他不是正常健全的人？因为他的精神问题没法跟他讲道理？还是因为他原本一无所有没什么能拿住他的？个中缘由无从猜测，只留下那一种独特景观——六旦住在彭德怀故居里，住在"十二月会议"革命遗址的院子中。

联想到京城里如火如荼的拆迁大战，联想到遗址的占领和历史的构建，六旦的故事是不是能勾起我们一些有关支配与反抗的思考呢？六旦是读过书的人，其父是 1962 年精简下放的国家正式教师；他本人文革前已经中学毕业而且据说成绩优异。当年六旦算是回乡知识青年，因为谈恋爱遭遇挫折而被认为脑子出了问题。尽管村民都认为他"精明着了"，甚至"头脑可利了"，但毕竟他戴着"憨着了"的帽子生活了几十年，而且一直未娶。权力的进入唯在六旦这里绕了个弯儿，成为作为主旋律的进行曲中的一个小小插曲。不知这应当归于弱者的反抗还是应当看作智者的谋略呢，亦或六旦就是说服、教育甚至金钱、暴力都无能为力的一个对象？

（本文部分以"关于历史构建的思考"载于《社会学家茶座》2005 年第 4 期）

6. 我的老家鸡心岭 鸡鸣一声闻三省

母亲的老家似乎是忽然出现在我眼前的。儿时只听母亲讲过川陕鄂交界处的大巴山、鸡心岭，神秘的原始森林和各种充满诱惑又令人害怕的动物、植物；而关于人、长辈、亲属、关系，关于生计、生活、事件却不存在。所谓老家，仿佛只是一个虚幻的、童话般的世界。直到上个月，我的表姐因病去世，埋葬骨灰时亲戚们聚在一起，偶然谈及老家的人和事，谈及我的外公、舅舅和或近或远的亲属，犹如一声炸雷轰醒了我的好奇、渴望，迫不及待地想要了解故乡故人，想要知道前辈故事。

夜不能寐，脑海中萦绕着一连串的问号：为什么我50多年中从来没有对前辈、故乡发生过兴趣？他们是谁？是什么样的人？他们是如何生活的？他们有过怎样的经历？他们的后代、我的兄弟姐妹们及其家庭又怎么样？我感到内心的震动巨大，充满内疚、自责和反思：我为什么从来没问过这些？甚至没有过好奇？而我同时却是一个社会学研究者,尤其专注于 20 世纪下半叶农民的口述历史并在超过 15 年的时间里走过许多村庄,做了不少口述史的记录和研究,还出版了专著。我也不止一次地在上课、讲座时强调:"将文明落实为普通人的日常生活,人们卑微琐碎的经历和讲述便具有了非凡的意义,可以成为宏大历史的有机部分。就此而言,每个人的经历都是历史,每个人的苦难都有历史的力量,每个人的故事都弥足珍贵,每个人的历史都不应遗忘"。而我却独独忽略了自己家族、祖辈的历史。我也曾多次讲到:"记忆和历史是由权力控制的,决定什么被记住和什么被忘却的是权力、是治理的产物"。而现在我却发现,有意忘却、掩盖历史,作为当事人和我们自身也参与其中。

我能够理解母亲的不讲述往事,那是因为特定的时代、特殊的环境和工作,不能讲,不敢讲,甚至不能也不敢去了解。从上个世纪 40 年代母亲和舅舅分别回过一次老家之后,直到他们去世再也没与故乡亲人有过联系。血肉至亲,远隔天涯,生死不知,这会是何种心理感受?他人无从体验。而今天,仿佛天意,冥冥中先人的魂灵在召唤我,

他们要倾诉，他们需要被聆听，而我是最合适的
人选。作为后代，我唯有从认识前辈、了解他们
的生活开始，记下并传递和分析他们的历史，方
能完成一份后人的心愿和学者的责任，也算是对
先人的一个交待和纪念。

　　查阅并获知老家消息后，说走就走，驱车前
往。老家亲朋，故乡山水，我来看望你们了。

　　我的外祖父于怀廉，字文卿；祖上来自于湖
南省石门县田家坪二龙岗；居住地为今陕西省镇
坪县（三省交界处，历史上曾经属蜀、属楚、属
秦）曙坪乡；家有田产；兄弟四人中行二，分家
后定居于上竹（文竹）乡大坝村。早年参加同盟

会，追随孙中山三民主义，曾常年在外（西安、武汉）奔波，难以顾及家庭，非但不能挣钱养家，每年还需家里补贴银两若干。外婆袁氏，出身待考，非常精明能干，除操持家务、耕种土地外，尤其善长经营药材生意。分家后比起其他兄弟不算富有，主要原因是除了供外公在外花销，还要供舅舅于振瀛在外读书（1921 年中学毕业后到北平就读，后考入国立医科大学，学习医学），母亲后来也跟随舅舅到北平读书，并参加 12.9 学生运动，进而入党并于 1937 年奔赴延安。

大约在 1923 年左右，外婆去世，外公回到家中。适逢当时比较凶恶的县长被造反的农民（或土匪？）杀死。外公去到西安谈起乡间情况，之后受省党部之委托回乡安抚百姓。他在一段时间中帮助打理县府工作，并担任地方武装民团的总团职务。然而就是这一段经历造就了他后来的命运，在镇反运动中他作为被镇压对象被捕，还有一个重要原因与土地有关。1947 年，时任国民政府立法院第四届立法委员和中国民主革命同盟中央常委的舅舅回乡与父亲长谈，竭力劝阻父亲不要参与竞选第一届国民大会代表，并劝说其放弃土地："时局动荡，世道要变，土地不要保留了，都分了吧，谁种着就给谁"，但遭到父亲拒绝，因而父子不快，舅舅于是匆忙离家（前往设法营救杜斌丞、王菊人，但未能成功）。自此父子再未相见。

（读书时的舅舅）　　　（中年的舅舅）

据镇坪县志载：1950 年 1 月镇坪解放；同年 8 月 15 日全县即开展办理国民党的党、团、军、特人员登记（查阅民国档案 1941 年县党部党员名册 280 人中并无外公姓名，他并未加入过国民党）。运动中外公曾躲到女儿家中暂避，但被民兵发现，终于无奈地回到自己家中。其间经常召开斗争大会，每次外公会由孙子（我二表哥）背上背下（祖屋在半山被称为杉树坡的地方）在会上被斗争。

1951 年外公被捕入狱，家人不清楚罪名为何（估计一是曾为"伪人员"，二是拥有土地），没有逮捕通知书，没有判决书，也没有档案记录（本人查阅过县档案馆档案，1941 至 1948 年档案较齐全，连乡务会议的记录都有保留。而 1949 年至 1956 年的档案全无）。

　　1951 年（其时监狱设在牛头店乡）、1953 年（监狱随政府迁至县城所在地）二表哥两次前往探视，第一次"爷爷精神尚可"，第二次探望时"行走需拄拐杖"。外公只对他孙子说了"你们要好好生活，我活着不得出去了"。1954 年接到于文卿（外公）的死亡通知，二表哥前往收殓遗体；没有人知道外公的死因，死亡时没有家人在身旁。据二表哥回忆："鼻孔有血，不知是怎么死的。监狱方只用了薄薄的四块板草草拼了个匣子（手指宽的缝隙，从外面能看到里面）。"二表哥将爷爷从薄棺中起出，翻山越岭背回家中；然后用了一棵杉树整木，剖开掏空，做了一副"大材"，葬于老屋后面山坡上，与外婆坟墓相依。鉴于当时情况没有敢立墓碑，只是一座石墓，而今已被草木覆盖。墓地依山而建，坐北朝南，视野开阔，林

木葱茏。

据乡里亲戚回忆，当地山高林密，土匪猖獗，通常抓到土匪必杀。但外公担任总团和代理县务时，抓到土匪都问一下是什么原因当了土匪，如果是因为贫穷走投无路的，只要保证不再为匪回家好好种田的，都给点钱放了，故手上没有人命。唯一让人有些惧怕的是他痛恨赌博，经常手上拿个棒棒，见到打牌赌钱的就打，说"输光了又去当土匪？"镇反运动中未被枪毙可能与"没有血债"有关，也和镇坪解放之前于右任（与舅舅相熟）曾经打招呼有所照应有关。

曾追随国民革命，并为革命贡献了一儿一女的地方绅士于文卿，却在中国的镇压反革命运动中死于非命，享年70岁。

于文卿的后人，凡留在家乡的皆在历次政治运动中历经磨难。我的二表哥，一介普通农民（受过完整的基础教育，1949年初中毕业），被打成反革命集团首犯，1964-1974入狱十年，在陕北黄陵县劳改；二表哥的亲家祁家表哥（其父为西北大学毕业之高材生，回乡创办了全县第一所公办学校），因包庇反革命罪被判刑十一年，致使其两个孩子年龄相差了二十岁。我的大表姐，嫁给当地号称第二大的"地主"家族，丈夫在运动年代被判刑送往新疆劳改，她作为被称"大小姐"的人，一人操持全部家务，自己犁田耕作，把孩子拉扯大。……每个家庭的经历都充满坎坷，几乎都是一部苦难史，而讲述者至今仍存有顾虑，对话时常欲言又止。

短短四天，匆忙走访，尚不及了解详细。本文根据家乡亲戚口述记录，只算开篇，未完待续。

2014年12月22日 冬至 于北京

补记：

二表哥已经 83 岁，似乎继承了外公的倔强。他说，上世纪 70 年代他在监狱服刑时，本来是在监外做农活，相对比较自由。林彪事件发生后，当局突然把他们都收监了，开大会训话，管教干部说，"你们这些反革命高兴什么？你们的总后台林彪垮台了"。二表哥不解，举手提问："林彪不是你们的副统帅吗？咋成了我们的总后台？"管教干部站在台上楞了半天没答上来。

二表哥大约是 90 年代初来过北京。大表哥带他去参观纪念堂，开始他不明就里跟着走，一听说是毛的纪念堂，扭头就走，不肯进去；好说歹说（包都存了，票也买了，大家得一起走出口）他才勉强进去，然后看也不看，径直走向出口。我想这其实是正常人的反应。

二表哥聊天时对我说：毛老汉如果不死，土地永远到不了农民手里。经历了惨痛的运动过程，仍然保持正常心智的人，更值得尊敬。

7. 人生戏剧的最后一幕 —— 记鄂西清江流域的跳丧

都说人生如同一场戏，有起伏跌宕，也有静如止水，但无论是轰轰烈烈，还是平平常常，生命最后都将曲终人散——落下死亡的帷幕。在现代人的认知中，死亡无疑意味着个体生命、个体意识的终结断灭，因而死亡总是一个不受欢迎的话题。关于死有着诸多的语言避讳和行为禁忌，而与死相关的丧事、葬礼更是蒙上了沉郁浓重的黑色。在保留文化传统较多的乡土社会中，丧葬礼仪是以怎样的形式表现的呢？它蕴含着什么样的社会文化意识？是不是比都市里现代人的礼仪多透出些许天籁之音呢？

久已听闻鄂西清江流域的山地居民有独特的"跳丧"活动，即在为死者举行的丧礼中通宵

达旦地击鼓歌舞。与一般丧礼的肃穆哀伤相比，
"跳丧"是否表现了当地人们对于死亡独特的理
解方式？种种疑问和探寻的答案的冲动促使我
离开北京，赴武汉，下宜昌，直奔湖北省长阳土
家族自治县。

　　长阳县地处鄂西山峦怀抱之中，清江从西至
东贯通全境，江流湍急，两岸山峰峻峭，峡谷错
落。该地西通巴蜀，东连江汉，是十多万年以前
"长阳人"（属旧石器时代中期的早期智人）生
息繁衍的地方。土地多为山地，比较贫瘠，故当
地人以梯田经营农业，主要作物有水稻、玉米等。
长阳的汉族、土家族混杂居住，他们自称为巴人
之后。相传古代巴人起源于武落钟离山，即长阳
县境内的佷山。巴人最初称王的首领名叫廪君，
故又称为廪君蛮。他们世世代代将廪君奉为祖先
加以崇拜，又称之为"向王"或"向王天子"。
当地仍在传唱的一首古歌（又称清江号子）这样
唱道：

向王天子一支角，

吹出一条清江河。

声音高时洪水涨，

声音低时洪水落。

牛角弯，弯牛角，

吹成一条弯弯拐拐的清江河。

　　当地居住的汉族与土家族的划分是民族识
别和政府批准的结果。清江流域的土家族与汉族
并无明显差别，其饮食、服饰、居住等生活习俗
和语言、文字、信仰、娱乐等方面都与汉人相同。
许多人被问及族属时自己也说不清到底是汉族
还是土家族，因为在不同的时期他们曾几次被划
来划去。需要提及的是，"跳丧"这种常常被归
于土家族的独特丧礼形式并不是按照民族划分
的，而主要是按地域分布的。"跳丧"活动主要
分布在长阳、五峰、巴东、建始、鹤峰等县的靠
近清江沿岸的区域，与清江垂直相距一般不超过

50 公里。以紧靠清江的长阳县资丘古镇为大体分界，资丘以上（清江上游）地区较盛行"跳丧鼓"（即在鼓声伴奏下边唱边舞）；资丘以下（清江下游）地区则以"坐丧鼓"（一人坐堂击鼓，众歌者排坐相互对唱）为多；到秭归一带则兴"转丧"，即鼓师、歌师在前，其余人随后围绕棺木边转边唱。

"跳丧"的起源已难察考，不同的推断、猜测也是众说纷纭。当地民众称之为"打丧鼓"，亦俗称为"跳撒叶儿嗬"，因为丧鼓歌每唱完一小段常由众人合唱一句"撒叶儿嗬喂"作为结束。它作为一种独特的丧葬仪式歌舞在当地人民中代代相传，形成相当稳固的文化传统。大约在 1957 年后，"跳丧"作为"迷信活动"和"封建陋俗"受到官方禁止，其他一些民间信仰活动和山歌民谣也都成了禁区。这种禁止取消状态一直持续到"文化大革命"结束。然而约定俗成的传统已经深入人心，民众自发创造和传承并喜爱的东西往往是禁而不止的。二十多年的禁锢期间，传统习俗只是潜伏着，并没有消亡。甚至在"文革"中间，还发生过这样的事情：人们在田里薅草，又热又累，歇息时一些年轻人为排解辛苦烦闷，就让一个会跳丧的富农跳上一段解闷。这事在当时还挨了批判。还有一个村的支部书记，母亲故去，他坚持要跳丧，并声称："我共产党员是要当的，但我的妈死了，丧也是要跳的"。传统就是这样潜在地传承着，存活着，在人们的行动中和观念上。一旦开禁，传统礼俗很快就恢复起来，老、中、青都会跳，中间并没有断层。

　　我很幸运，赶到跳丧活动典型而中心地区的乡镇后，等候未久，即得知有一人家将为死去的老人办丧事。死者是一位老婆婆，享年84岁，可以算是高寿。按照当地的习俗，寿终正寝的高龄老人的葬礼特别隆重，跳丧亦即当地所谓"打丧鼓"的活动是必不可少的。而如果是非正常死亡如暴病、溺水、自杀等夭折者，则属于"少年亡"，一般不举行传统形式的丧礼，他们也不能享有"打丧鼓"的待遇，只能从简从速埋葬——"白发人送黑发人"的哀痛气氛与送老人入土的"喜丧"是迥然不同的。

丧家在距离乡政府所在地约 30 里的一个村镇。傍晚时，我搭乘一辆丧家接送亲友的卡车去参加丧礼。在崎岖蜿蜒而又黑黢黢的山路上，卡车像睁着两只大眼睛的怪兽撒野般疾驰；路的一边紧贴着怪石嶙峋的岩壁，另一边陡峭的山坡下便是滚滚而去的清江。每一处陡急的转弯，都让人的心提到了嗓子眼儿。好在路途并不遥远，跟随着一阵阵鼓号之声，我们来到举办丧事的人家门前。

迎面映入眼帘的是灵堂前横挂的条幅，其上大书"跨鹤登仙"四个字。灵棚两侧挂满了各种颜色的挽幛，都是布匹、被面、床单等物品。停放着黑色棺柩的堂屋作为灵堂，周围亦挂满各色挽幛，其上附有挽联，写有敬挽者的身份、姓名。

灵前摆放死者遗像，下面置有焚香、烧纸的瓦盆。

亲朋邻里们一批批地陆续到来。随着每一拨儿人到达，吹鼓手都要呜呜哇哇地吹打一通，鞭炮、铁铳也随之在人群中炸响，气氛热烈得有如赶集或过年。"孝子"们——死者的儿子、儿媳、孙子、孙媳们在一位"都管"（即司仪）的指挥下，跪成一排向所有前来参加丧礼的人们磕头致谢。其后，孝子们又到人群中分别向每个参与者下跪叩首；受礼者则赶紧弯下腰双手将其扶起；人情的淳厚与交融尽在这一跪一扶之中了。我正在震耳欲聋的鞭、铳声中目不暇接地左顾右盼时，忽然一位年逾五旬的长者在我面前跪下，面色庄重而挚诚，这是死者的长子。我手脚忙乱地不等他的头低下去就赶紧双手搀起他来。这是当地的礼节，对于来宾，无论男女老幼，近邻远客，丧家一律以礼相待。最后，孝子们在吹鼓手引导下绕灵一周后再次向人们跪谢。这一迎谢宾客的仪式过程延续了大约一个小时。

入夜后，灵堂中一阵阵鼓声宣告了跳丧的开始。一位稍微年长的人坐在棺椁旁敲打一面牛皮大鼓，同时领唱。另有两人，不时变成三人或四人在灵前接歌唱和，并按照鼓点节奏同时起舞。跳丧者均为男性，除死者的直系亲属外，来参加的人员都可以跳。舞者既有五、六十岁的老人，也不乏中年人和二十岁上下的年轻人。随着鼓点节奏的改变，歌唱的曲调也随之变化，时而激越高亢，时而空灵婉转。舞蹈的形式、套路亦随着击鼓者改调改腔而变化多端，常见的动作如"四大步"、"滚身子"、"摇丧"、"倒叉子"等，令人眼花缭乱。舞步多跨跳动作，手臂、身体随之挥舞扭动。对舞的两人时而相向，时而背对，呼应有致，配合得很是默契。跳丧的舞姿风格粗犷雄健，动作刚劲有力，一些动作造型还被冠以生动形象而又有趣的名称，例如"犀牛望月"、"凤凰展翅"、"猴子爬岩"、"燕儿含泥"、"牛擦痒"、"狗吃月"、"么姑姐筛箩"等等。我想这可以说是名符其实的山村迪斯科（disco）。

夜色愈见浓重，村民们陆续向丧家聚拢，狭小的灵堂已难容纳人们的热情参与，丧鼓于是从屋内打到了屋外，仪式活动也达到了高潮。此时表演者与旁观者已经没有了界线，不断有人按捺不住而跳进圈子，用肩膀一顶，换下意犹未尽未尽的舞蹈者，而周围更有人早已跃跃欲试。人们似乎忘记了丧事与丧家，用尽情的舞动把情绪宣泄得淋漓尽致。舞者与观者都急于表现自己的本领，使跳丧活动抹上一层浓厚的竞技色彩。时值盛夏，当日气温高达摄氏 40 度以上，夜晚也在 39 度，每一个跳丧的人都尽性挥洒，个个汗流浃背，仿佛是刚从水里捞上来的。

跳丧无疑是一种技能的演示，人们既是歌唱者、舞蹈者，又是欣赏者和评判者。跳者与观者可以面对面地直接交流。能者、强者受到人们的夸赞。丧鼓歌的一些歌词也表现了这种竞赛性质，例如：

跳起来，贺起来，

施起斧头乱劈柴。

好柴不用榔头打，

一斧落地两茬开，

你是对手上场来。

再如：

不会跳的巴门站，

眼睛鼓起像鸡蛋；

厨屋里一声喊吃饭，

肚子胀哒像油罐，

亏他还是个男子汉！

当然这些歌词是已近于仪式高潮时刻的调
侃，整个"丧鼓歌"的演唱过程还是有一定程序
的。"丧鼓歌"虽然演唱于悼亡祭奠的场合，但
内容却不限于祭悼，而是十分丰富多样，涉及人
们生活的许多方面。歌词句式以七言五句和上下

句为多，如上举两首就是当地所称的"五句子歌"。丧鼓歌演唱的顺序并不十分严格，一般在跳丧开始时要唱"开场歌"；前半夜所唱内容可以说是真正的悼亡仪式歌，多为唱古人、唱典故、追述先人业绩、诉说亡者一生辛劳、谢父母恩、唱十月怀胎、唱农事十二月等内容。如谢父母恩的其中一段这样唱到：

> 千两银，万两金，
>
> 有钱难买父母恩。
>
> 亡者一去不转来，
>
> 想亲念亲不见亲，
>
> 打鼓闹丧伴亡人。

午夜后，演唱内容增加了带有男女情爱色彩的所谓"荤歌"，当地人们也称为"唱郎唱姐"：

> 这山望到那山高，
>
> 望到那山好茅草。
>
> 割草还要刀儿快，

捞姐还要嘴儿乖，

站到的说得睡下来。

这山望到那山低，

望到那山好田地。

不种田的吃好米，

不种花的穿好衣，

单身汉儿美貌妻。

又如：

姐儿生得一脸白，

眉毛弯弯眼睛黑，

眉毛弯来好饮酒，

眼睛黑来好贪色，

夜里无郎睡不得。

　　有人解释说，这些"唱郎唱姐"的歌有"逗趣混夜"的作用，可以驱赶怠倦、活跃气氛，吸引众人陪伴亡灵到天明。

热闹的气氛，激昂、欢娱的情绪和节奏，表露了人们对死亡亦即对生命的理解。对辛劳了一生、养育了子嗣之后寿终正寝的老人，即当地人们称为"走顺头路"的老人来说，生活大概是没有遗憾、不该悲哀的。热闹的"白喜事"标志着生命完满的终结，抑或原本是对一种新生命（另一世界中生活的展开）开始的庆贺？我们知道，婚礼作为"红喜事" 意味着不久家庭将要添丁加口，因而是生命诞生的前奏，那么丧葬礼可否理解为另一种生命形式开端的序曲？

午夜来临，丧礼中的宴席摆了出来。参加丧仪的人们分期分批轮番入席吃饭。桌上的酒、菜对山里人来讲已是十分丰盛，有十碗之多。有位老人告诉我，"生活条件差的时候，晚上打丧鼓丧家就烧一盆稀饭，跳丧的人累了就喝一碗稀饭又接着跳"。杯箸交错之中，人人脸上都带着宽厚友好之色，气氛愈加和谐。当地流行着这样一句口头禅："人死众家丧，一打丧鼓二帮忙"。参

与跳丧是对丧家的一种扶助惠赠行为，正如一首
丧鼓歌所唱的：

　　　　半夜听到丧鼓响，

　　　　不知是南方和北方；

　　　　你是南方我也去，

　　　　你是北方我也行。

　　　　打不起豆腐送不起情，

　　　　跳一夜丧鼓送人情。

　　前来参与的人越多，跳得越欢，丧家就越有
面子；冷冷清清是最让人不快的事。即使死者生
前与别人结下仇怨，到此时也是"生不记死仇"，
"亡者为大"，人们照样来跳丧、帮忙。整个仪
式当中，几个十来岁的小孩子通夜不停地穿梭于
人群中，为客人奉茶递烟，其恪守职责、一心一
意的样子真令人感动。几乎所有来帮忙的人，包
括跳丧的人全都是真出力、真帮忙，可以用"不
遗余力"四个字来概括。在这种集体的聚会、集

体的欢娱中，人们确乎得到一种凝聚的力量。亲朋邻里们消弭了以往的芥蒂，结合成一个紧密的地方社会团体。

午夜的餐宴之后，丧鼓和吹打奏乐继续轮番进行。夜深时，人群稍稍散去一些。年轻人聚在一起说笑嬉闹，讲笑话或玩纸牌、打麻将。热忱好客的主人两次端来热水，让我洗洗脸凉快一下；又两次将我遗忘在水池边的手表交还与我。这一夜真是一点也不感觉漫长，当我让自己再度抖擞精神时，黎明已不知不觉地悄然降临。早晨的宴会又开始了，这餐饭一直吃到天亮，所有的客人再次在鼓乐声中轮流入席，丧家周围的邻居也被一一请到，即使有人说已经吃过了早饭，也得来席上坐一坐，是个意思，丧家的竭诚邀请是难以推却的。

待人们酒足饭饱之后，便撤去家什，拆掉灵棚，准备"出柩"了。孝子们先行"奠柩礼"，即依辈份长幼次序在灵前叩拜、烧纸、以酒洒地。

之后，打开棺木，将装殓时放于死者手中的"打狗粑粑"（用白线穿成一串的糯米饼，装殓时放在死者手中，意在前往阴间时为其驱赶恶狗）取出并抛向灵堂门外，人们顿时纷纷避之唯恐不及，认为碰上这东西是很不吉利的。此后，棺盖用糯米粉、石灰、土等混合而成的粘合剂封严盖好，棺木慢慢抬出灵堂。

八人抬的棺木上覆着大红毛毯，由吹鼓手作先导的送葬队伍在众人的簇拥下向山坡上的墓地走去。出殡的仪仗队很长，最前面是吹鼓手，其后死者长孙捧死者遗像，其他孝子成两行随行；棺柩前引一条几丈长的绳子，许多人牵绳而行（即古代所谓执绋之举），抬棺者八人，不时有人主动替换；另有一人在队伍旁边提篮抛撒纸钱，还有一人在队伍后面一路鸣鞭放炮。一路行来，抬棺的人时而疾驰，时而又停顿或后退，每到这时，众孝子就得跪下磕头，请求人们好好往前走。此举称为"整孝子"，带有很大的戏谑色彩。这样时进时退，停停走走，五步一跪，十步一叩，不远的路走了老半天。望着棺木周围熙熙攘攘的人群，望着那一张张淌着汗水欢喜而朴实的面孔，尤其是看到棺木前长长的"拉丧绳"，数不清的黝黑而结实的手臂争先恐后地拉住它，我的心不禁怦然而动。一根拉丧绳将人们连接在一起，挽起一个群体、一个社会。丧葬礼对于传统社会的整合功能，恐怕没有比这更为直观、具象的写照了。

山坡上的墓穴已经在头一天挖好，当地人称掘墓为"打井"。穴坑为长方形竖穴，大小刚能放进棺木，深约两公尺。棺木下井前孝子们再次向众人跪拜致谢。然后棺木用木杠和绳子缓缓吊下穴坑，孝子们依次用衣襟兜一捧土撒在棺盖上，并向亡者行最后的告别之礼；此后用工具铲土将墓穴掩埋，再用土和石块垒成屋脊形坟包。

丧礼终于结束了，孝子们带着几天来的疲惫返回家中。一轮骄阳刚刚升起，俯瞰着热气蒸腾的山麓和忙碌劳作的众生。我坐在坟旁的山石上，望着脚下的山路和亮闪闪蜿蜒流去的清江，陪伴着头枕大山，脚向清江而息的死者。我想她应该是满意的、欣慰的。她的一生是在鼓声咚咚中结束的，是伴随着歌和舞降下最后的帷幕的。她的子孙们也应该是满意的，他们以隆重而热烈的礼仪帮助先人获得另一世界中的美好生活，并以此驱散死亡的恐惧和沉郁，他们在娱悦满足祖先时也使自己得到心理的满足。而他们所属的群体也因丧礼活动使自身团结起来，循着先辈的足迹一代接着一代，代代相传，生生不息。

回忆着丧礼的热闹欢娱气氛、通宵不眠的歌舞、甚至在亡人灵前大唱情歌，我不由想到这些举动在传统礼教的卫道者们看来，无疑是不可饶恕的非礼行为。事实上，历代也确有统治者和文人们对这类所谓"野蛮陋俗"大加斥责和禁止。然而民众有着自己的对死亡的看法和做法，他们的行为正是其生命意识的本色体现。解读他们的行动，我们可以看到，老人的寿终意味着走完了人生的各个阶段全部过程，对这样一个完满的人生难道不是应该庆幸祝贺的吗？失去亲人固然是令人哀伤悲痛的，但那集体性的聚会，那众人为老人送终的热烈场面，那浓浓的情意和融为一体的群体情绪不是对心灵最好的抚慰吗？何况在人们心目中，死亡并不是生命的断绝寂灭，人生戏剧的最后一幕也是一个新的生命旅程的序幕，对此难道不应该有所祝福祈愿吗？在这个山高水远的地方，这样的生命态度较之我们惯见的人们心态是否更为古朴，或更为豁达呢？抑或原本就与我们民族初始的生命意识和生存的执著愿望有着某种内在的相通之处？我的思绪随着那弯清清江水，渐渐远去。

1988 年 8 月初记于清江之畔

1990 年 7 月修改于北京

8. 生存的动力与文化的创造——范庄"龙牌会"散记

　　从前面有关丧葬文化的篇章中我们不难看到，与死有关的各种人、事、物几乎都与生密切相连，是为生而设。这大概就是普通民众心目中有关生与死的"辩证法"。由此，便不难理解这个避讳言死的民族为何在丧祭之事上从来一丝不拘、竭尽全力，因为千年吟唱的丧乐哀歌实际是绵延不绝的生命礼赞。由此观之，古代祀仪所规定的"事死如事生"也不妨理解为"视死如生"。

　　生存的动力不独体现在个体的物质与精神活动中，也表现在人们认识世界、理解事物的过程中。具体而言，关于人生、自然和社会的意识中，都贯穿了生命的主题。自然万物是有生命的，有自身生命周期的循环和节律，农事生产必得遵守这种周期和节律；群体、社会亦有近乎有机体的生命，有盛衰起落的规律。当这一有机体因灾祸变故而受到损伤瓦解时，亦需特定的仪式或活动来进行修复、更新。无论来自远古的"万物有灵论"[1]，还

---

[1] Tylor, E., 1871, *Primitive Culture,* London.

是因循"互渗律"或"混沌律"的"原始思维"[2]，抑或我们民族传续了几千年的"天人合一"的宇宙人生观，都可因生命的动力而通融。著名的法国汉学家葛兰言（Marcel Granet）曾通过对上古文本《诗经》的分析，阐述其表现的自然与农事的生命节奏如何成为民间仪式与信仰的想象素材和时空基础，而此自然与农事的季节性仪式亦成为中国民间宗教乃至统治者官方文化与意识形态的真正源头。[3]通常以庙会形式呈现的村庄典礼与人生礼仪有着类似的社会——文化功能，其意义亦在于生命的延续与更新，村落仪式是旨在有利于群体生存的设计与技术。

其实，所有的文化设计、文化创造都因生存的需求而产生，都是指向生命的。强烈的生命取向与生存冲动不仅集中地表现在丧礼仪式中，也是各类重要庆典、礼仪、事件和平凡日常生活的中心内容。文化的创构与重构、传承与变异正是一条涓涓不息的生命之流。田野乡间的普通百姓是其文化的创造者、享有者和传承者，他们并非仅仅被动地受制于某种文化结构和规范，而是作为行动主体参与了自身文化空间的建构和不断地重建。

[2]列维－布留尔：《原始思维》，丁由译，商务印书馆，1985 年版。
[3] Granet, Marcel, 1975, *Festivals and Songs of Ancient China*, London: Routledge.

生命重要关口的人生礼仪、周期性的年节庆典、地方性神祇的崇拜祭祀，作为文化建构的过程和方式，都充溢着生存的动力和体现着生命的节律。下面的记述可以作为一个例证生动地表现上述建构过程：

　　河北省赵县的范庄是华北平原上一个普通的村庄，而它的不普通在于它远近闻名的"龙牌会"活动。所谓"龙牌会"是在每年农历的二月初二，即俗称"龙抬头"的日子，举行盛大的仪式，祭祀"天地三界十方真宰龙之神位"的"龙牌"。如同诸多民间的习俗和信仰一样，这一近于庙会的活动起于何时何事已无从稽考，史料无载，只凭代代相沿的口碑传续。而它在今日的上演却分明显示着基于生存冲动的文化传统的生产与再生产过程。"二月二"与其他一年一度的年节庆典一样，是根据自然与农时安排的活动，是日所谓的"龙抬头"，意味着经过漫长寒冷的冬季蛰伏，终于迎来了春回大地、万象更新。自然、人和百虫百兽都在这一天开始新的生命阶段和周期。这是一个自然界、人类和构成群体的村落社区都得以更新的仪式。作为流行各地的汉人传统节日，在"二月二"这一天，人们常有"引龙回"（引回好运或钱财）、"撒灰囤"（以草木灰仿造粮食囤，祈求粮食丰收）、

"祭百虫"（防止虫灾伤害田禾）等形式各异但意义相同的仪式象征行为。范庄的"二月二"活动引起我们极大的兴趣还不仅仅在于它是一个民间的传统节日，而更在于这一活动既是传统的延续，又是由不同社会力量参与、综合了各种因素的文化再创造过程。

首先，从当地人们顶礼膜拜的对象"龙牌"的称谓来看，"龙"，众所周知是想象中集合了多种动物形象的神，如今已演化为我们中华民族的象征或者不如说是图腾；"龙牌"，是龙的神位灵牌，类于祖先崇拜中祖灵附着的祖先牌位；而当地百姓称之为"龙牌爷"或"龙牌他老人家"，这又使之成为一位"老人家"，即人（神）格化的崇拜偶像。由此一称谓本身已经可以看出崇拜对象的神异化——寄物化——人格化的不断再造过程。

再从"龙牌会"活动的形式来看，据考它最初是道教的设坛打醮仪式，"龙牌会"的叫法是近年才有的，原来叫作"龙牌大醮"，至今供奉龙牌和其他诸神的大棚还称为"醮棚"；仪式中必有的一面旌旗上书写着"皇天大醮"的字样。据传此醮场曾受过乾隆的皇封，但已查无实据。

从传统的道教醮场到今日的龙牌会，其间经历了多少世事沧桑、风云变幻，都难以一一历数，作为一种地方性的民间信仰能够绵延至今已经是一个奇迹。据当地老人回忆，50年代以前村落中尚有玉皇庙、真武庙、五道庙、三官庙、老母庙、奶奶庙等多座庙宇，少数大姓家族还有家庙。经历了半个多世纪的动荡，尤其是经过了历次政治运动的"暴风骤雨"，这些信仰场所都已荡然无存。我们只在老母庙的遗址上发现了一段原来的庙台和半截石像的衣裙褶皱部分，由此让人不难联想到，华北地区传统信仰被扫荡后的干净程度在全国恐怕是首屈一指的。而在这样的背景之下，"龙牌"活动得以保存、传承的原因之一恰恰是"龙牌"无庙。当地历史上不曾有过供奉"龙牌"的庙宇。作为一块龙神附着的木牌，"龙牌"是在若干会首（目前为十九位）的家中轮流供奉的。每家当值一年，到二月二"龙牌会"时抬出，受祭三日后，送至下一个轮值的会首家中。一些会首回忆说：在对传统信仰管制最严的文化大革命期间，龙牌被小心地保护在会首家中，而祭拜活动也完全转入地下。迫于上峰压力，大队干部白天在喇叭广播中和大批判会上痛骂"封建迷信"，晚上却悄悄到供奉龙牌的会首家中烧香磕头赔罪，请求"龙牌他老人家"的原谅和佑护。经历了潜伏衰落的阶段，时至今日，范庄的"龙牌会"已经成为吸引周围村、乡、县数万人众参与，融信仰、

娱乐、交易、教育、科技等内容为一炉的盛大的民间庙
会活动。

农历二月二在北方农村被信为是龙抬头的日子，民
间常有撒草灰引龙和避百虫的习俗。"龙牌会"上必有的
一项祈祷内容是求风调雨顺、五谷丰登。在各地的民间
信仰中，司掌气候雨水、年景收成通常是龙的神职。就
此而言，作为自然神、农事神的"龙牌"与其他地方对
龙的信仰无甚不同。但范庄"龙牌"的职能还不仅只于
此。当地村民通过白蛾的信仰和传说将"龙牌"和祖先
联系了起来。不只一位村民告诉我们，每年寒冬时节的
正月前后，在天气最冷的大风天，范庄和附近村落就会
有一种白蛾飞来，人们虔诚地将这些白蛾放入一个玻璃
匣子，置于龙牌之前一并受到供奉。他们相信这些白蛾
是当地人的共同祖先——勾龙的化身。"白蛾的传说"讲
到：古时共工与颛顼为争霸天下而战，共工怒而触不周
山。后来共工的儿子勾龙率众来到范庄所在的滹沱河一
带，在此治理洪水、开发土地、种植庄稼。颛顼再度征
讨追杀而来，要取勾龙的脑袋，否则灭杀全族。为了拯
救全体人民，勾龙施法化作一股白气，白气又变为白蛾
远走高飞。据此传说当地人民视每年寒冬飞来的白蛾为
勾龙显圣而加以供奉祭拜。共工、勾龙等古典神话中的

人物与民间信仰发生关联当是有文人在其中穿针引线，他们如何与"龙牌"和白蛾的信仰崇拜发生联系的过程我们并不清楚，普通的村民目前只能说出勾龙是他们的祖先，而对共工、颛顼等神话形象和事迹并不了然；据一些会首所言，把勾龙作为祖先的说法也是近几年才出现的。但是无论如何，范庄人已经认同勾龙为其共同祖先这一想象的事实。"龙牌会"期间，村委会的院门口墙上醒目地书写着"龙牌盛会龙抬头，龙的传人壮志酬"，"龙故乡纪念勾龙，追历史不忘祖先"等字句。与一般的祖先崇拜不同，"龙牌"不是某一姓氏的祖先，而是当地人们的共同祖先。范庄是一个杂姓的村落，执掌司理"龙牌会"的十九位会首也是各姓人都有。"龙牌"的职能除了管风雨、农事之外，还要保佑一方的平安以及掌管驱病、育子、发财、出行安全等等事项。

负责仪式活动的十九位会首分工明细，配合默契，而参与操持和出钱、出力的则是全体村民，这是以村庄为单位的盛会，并无姓氏家族的区分。在农历二月初二"龙牌会"的正日子这一天，周边村庄、乡镇乃至各县的人员和花会组织都前来范庄祭拜"龙牌"，人数可达数万之众。各村都有自己的高招，来自各地的高跷、旱船、跑驴、扇鼓、花杠、武术、碌碡会、秧歌会等几十档花会络绎不绝，竞相表演。庙会期间，范庄人设置八口大锅大灶，抽调村民备饭，中午每个与会者凭一张上印"十好斋"字样的餐券就能吃一顿舍饭，虽然算不上美餐，但粉条熬菜和白面馒头管够。正日子的中午，一次用餐者即可达四千多人。在持续数日的整个活动中，当地文化表现出强大的凝聚力，无论是簇拥着"龙牌老爷"的神轿出行，或在"醮棚"中的顶礼膜拜，还是千万人众挤在街道中观看表演，都能体会到一种万众一心的氛围。村民们不无自豪地告诉我们，这几日虽然人多而杂，但绝不必担心发生偷窃、抢劫斗殴甚至口角等不良行为。仪式和象征所建立起来的秩序与认同常常是出乎体制内官僚的想象和理解的。

如上所见，经历了自然神、农事神、祖先神、社区神的综合演化过程，"龙牌会"至今已从道教的打醮仪式发展为复杂多重的信仰活动，并成为凝聚本村和周边相当大一个地域范围农民的文化中心。其崇拜的对象除以"龙牌"为主神外，还有包括三皇（伏羲、女娲、神农）、佛祖释迦牟尼、弥勒佛、观音菩萨、地藏菩萨、玉皇大帝、太上老君、孔圣人、各方老祖、四海龙王、雷公、电母、风伯、雨师、二十八星宿、药王及历代名医药圣、十殿阎君、城隍、土地、八仙等等在内的各方神灵，融儒、释、道和民间诸神以及被奉为神明的历史人物共计一百三十多位；此外还有神棚外单独供奉的财神、鬼王、火神和路神。面对济济一堂的诸多神灵，我们似乎很难再举出有何遗漏。而此种融合了儒释道的多神信仰，最能表现出基于生存实用目的的民众信仰所具有的融合创造能力。

"龙牌会"这一民间仪式活动的持续、变迁，是各类不同的社会行动者基于不同的目的共同参与和建构的过程。作为仪式活动主体的普通村民依传统照例去祭拜神灵，祈求风调雨顺、人丁兴旺、驱灾禳病、发财致富；本地的文化人如前所述经努力查考求证，已经找到"龙牌"与民族共同祖先的联系，由此引导出"龙的传人"及相应的民族精神和道德教育主题，并将这一带有意识形态意味的扩大了的信仰传达给普通百姓；当地政府对这一民间信仰活动从过去的取缔、限制到默许再到今日的因势利导，将此活动定位于并非封建迷信的"民俗文化活动"，并力图以所谓"文化搭台，经济唱戏"的方式，扩大贸易交往、开发旅游、招商引资；甚至我们这些外来的研究者，也不自觉地参与了这一文化再生产的过程，我们期望在"参与观察"中获得最原始最真实的民众信仰活动的面貌，而事实上我们的"参与"本身也被用作增加这一活动的合法性和扩大其影响的方式。来自大学、研究院乃至国外的学者都被盛邀留下"墨宝",而无论这些"书法"多么丑陋、蹩脚,都被仪式活动的组织者加以精心装裱,做成卷轴,悬挂于专门的陈列室,成为"龙牌会"的一个十分彰显的组成部分。上述各种社会力量的参与和表演造就了"龙牌会"今日的面目,它更像是参与各方基于各自的目的以不同的方式有意或无意的行动而达成的一种"共谋"的过程。

"龙牌会"这样一种地方性的文化设计是对当地民众精神生活的满足。从会场、街道上万头攒动却又秩序井然的场景中,从成千上万信众齐整整跪拜叩首、口诵"达摩——阿弥陀佛"震天动地的声响中,从人们以种类繁多的民间花会形式尽情尽性地舞动表演中,甚至从几千人就餐吃舍饭的大锅大灶的场面中,都能让人感受到极其深沉而厚重的生命力的搏动。不少研究者受到这一生存冲动的感召,纷纷提出保护这一文化事项的见解和建议。其实,对于一种极具生命力的民间信仰或仪式活动,来自外部的人为的破坏和刻意的保护恐怕都是自作多情式的徒劳。

民间信仰和仪式活动的保存与复兴是改革开放以来

在各地频繁上演的情景,也是引起研究者们关注的课题,这一民间文化现象成为试图探讨传统与现代化、民间社会与国家、全球化与地方化等一系列重大理论问题的切入点。像"龙牌会"这样的民间信仰仪式活动既显示了传统强大的生命力,同时又表现出民间文化广阔的兼容性和适应性,以及它在社会现代化过程中不断地被解释和再解释,被创造与再创造的复杂过程。

近年来民间信仰活动的复兴和扩布让我们形象地看到文化传统再造的过程,它展示了一幅生动的画面,即现实的生活世界中农民如何将生存冲动与生存智慧结合起来,营造了自己的文化时空。"龙牌会"当然只是一个文化创造的浓缩的例证,在以下篇章中,我们不妨看看在最平常的乡村日常生活中,在农民为自身的生存与更好和更有意义的生存而努力时,他们的所做所为和他们对自己行为的理解与解释。

9. 在那桃花盛开的地方

—— 一个北方村庄的亲缘与权力关系

令人费解的称谓并不费解

桃花峪是北京东北郊区某县山区的一个小小村庄，我们在 90 年代初来到这里。全村共有三千亩山场，但耕地面积只有 180 亩，分布在三沟四梁五面坡上，形成大大小小几百块梯田，最大的地块只有九亩。由于地处山区，桃花峪历史上以果木种植为主，北方山区常有的柿子、核桃、梨、桃、枣、红果这里都曾出产。在人民公社时期特别是"农业学大寨"运动中，根据"以粮为纲"的农业指导方针，全村人和当时来此插队的北京知青"战天斗地"，苦干几个冬春，完成了平整土地工程，建造了比较规整的水平梯田，修建了蓄水池和灌渠并与当时公社的水利系统相连接，开始以栽种玉米、高粱、谷子等粮食作物为主。但由于该地水资源奇缺，种地基本上靠天吃饭和依赖极少量的水库供水，粮食产量一直不高，指令性计划经济下桃花峪也一直没有摆脱贫困状态。虽然后来打了 200 米的深水井，但旱情严重或深井故障时依然缺水，村民就得下山运水：人挑、车推、牲口驮。直到改革开放后的 80 年代中期，桃花峪才又开始大面积栽种桃树，成为一个典型的山区林果村。适合当地生态而且经济价值较高的果品生产使村民较快地告别了贫困，逐步走上致富的道路。

　　桃花峪村总人口只有 157 人，共有 59 户，户均人口 2.66 人，几乎都是核心家庭。在 1975 年时该村为 35 户，总人口 180 人，户均 5.14 人。近二十年来家庭结构发生了较大的变化，主要原因是，过去儿子结婚成家后，有的另户单过，有的仍与老人生活在一起，不论是哪一种户籍上都算是一家人。现在的情况有所不同，老人与成婚的儿子共同生活的基本没有了，通常儿子一结婚就分家。老人或独自生活或在几个儿子家"轮班"（老人丧失独立生活能力时在儿子家轮流食宿），其户口都是单独立户的。

　　进村住下未久，我们就发现一个有趣的称呼。有一位名叫淑珍的中年妇女，全村人无论男女老少见了她一概称之为"老姨"，据说连当年的知识青年也是如此称呼。问及原因，大家都说就是这么叫惯了，也不知道最开始是怎么叫起来的。时间长了，我们才了解到，淑珍是领导桃花峪近二十年之久的老支书的小姨子，即支书妻子最小的妹妹。支书的孩子们把她叫作"老姨"（北方农村称最小的为"老"，如"老儿子"，"老闺女"，

"老叔"等）。"老姨"因支书的照顾，当了村里的赤脚医生。我们参观了她掌管的医疗室，开得门锁进去，屋里堆满杂物，遍布尘土，像是一个杂物间；用作消毒注射器和其他医疗器械的锅、盆等容器也和做饭的家伙事没什么区别。"老姨"没有什么文化，只会打打针发发药。除了"老姨"，村里还有一位"老婶子"，一打听，她是支书的弟媳妇，村里人一无例外地以"老婶子"称呼之。另外，一提起"老奶奶"，人们就都知道这是在说支书的母亲。这类令人揣摩不已的称谓在熟悉了村里的人际关系和权力地位关系后就变得毫不费解，全村人都随着支书孩子的身份称呼他的有关亲属。这很自然地让人联想到"为官一任，造福一方"的"父母官"的传统意识。一家、一村、一乡、一县都少不了一个大家长，我们时常听到的"一个地方搞得好，全凭有个好当家的"这类说法，正是这种类似于家长管理体制的生动说明。

亲缘关系与权力、权威的替代更迭

桃花峪建村的历史不足百年，现在虽然是一个行政村，但它的基础是一个以亲缘为主要联系纽带的自然村落。全村共有 Y、A、I、Z、N、W、S 七个姓氏，其中 Y、I 是较大的姓，分别占人口的 39％和 19％。桃花峪距离山下的 H 镇仅 2.5 公里，该镇有近五千人，一千多户人家。Y 姓和 A 姓在 H 镇都是大姓，最早来桃花峪定居建村的就是从 H 镇来到山里看护祖坟的 A 姓人家，这家当时有四个儿子，现在有三支仍后继有人。Y 姓人家原本也是在 H 镇居住，因其有些山坡地位于桃花峪，为了耕种方便和躲避战乱兵匪，就带着五个儿子从山下搬上山来，时至今日已有五代人了。I 姓与 Y 性是姑表亲戚，从本县相距不远的另一乡镇投奔 Y 姓而来，定居于此，现已成为村中第二大姓。同村的 Z 姓分属于三个 Z，其中两个是 Y 姓的姨表亲戚，一个是 Y 姓的姑表亲戚，他们来到桃花峪的时间比较晚近，大约是在 40 年代。W 姓是 Y 姓的远亲，而 N 姓是则是 Y 姓家的雇工，他们来此定居的时间都不长。S 姓人数最少，来得也最晚，他们是 70 年代因与 Y 姓是朋友关系而迁入的。从村落形成的简要历史中，不难看到亲缘关系在村落发展过程中的连带作用，而这一作用在村落社会的运作中仍时时可见。1949 年以后建立的基层党组织和政权组织与这种亲缘连带关系形成交织互融的状态，在村庄事务中发挥着重要作用。

　　早在 40 年代，桃花峪就是抗日战争和解放战争时期的革命根据地。A 姓的长子志安在 40 年代初就加入了共产党领导的游击队，并成为该县最早的地下党员之一。40 年代中期经他发展的党员有十多人，其中 A 姓和 I 姓所占人数最多，成为桃花峪共产党组织中的骨干力量。不幸的是志安在一次追捕土匪的过程中，因为一时心软把已经抓到的敌人又放跑了，因此被开除出党。从桃花峪党组织的发展来看，党支部的最初建立是从 A 姓的四个兄弟和 I 姓的四个兄弟入党开始的；而这一时期最大的 Y 姓只有容福一人因加入第四野战军赴东北作战而入党，这也是 Y 姓唯一一个在 1949 年以前入党的人。造成这种状况的原因主要是经济方面的：Y 姓人口最多，与之有亲戚关系的人也最多，因而势力最大。他们原本是来这边开荒种地的，经过数年兢兢业业地垦种，家境日渐殷实。这与 A 姓原本来此看坟护墓、无业无产的情况颇为不同。到解放后土地改革时，桃花峪只有 Y 姓家户中一户被划为地主成份，两户被划为富农成份，两户被划为中农成份，其余各姓各户都是下中农和贫农成份。其实，被划为地主的容昆家也不过三十多亩山坡地，但在桃花峪就算是最多的了，搞运动就要瘸子里面拔将军，他家就成了村里唯一的"阶级敌人"。当时他的儿子刚刚结婚，儿媳妇（也就是我们调查时所住家庭的房东大妈）回忆说："我刚嫁过来的时候丈夫才十六岁，我比他大五岁。我娘家是贫农，嫁过来才三天就赶上土改，我一下子就成了地主婆了。连我娘家陪送的嫁妆都当作浮财叫贫下中农分了。你说我有多倒霉"。此是后话。

可以看出，在40、50年代，由于经济状况、成份划定和参加革命时间等原因，最大的姓氏Y姓在桃花峪并不是村级权力的主要执掌者。这种情况在60年代初开始发生变化，Y姓后起的能人由入团而入党，逐渐掌握桃花峪的党政大权，居领导职务二十多年，成为村落社会结构的核心。在这一时期，非正式的亲缘关系和正式的权力关系呈现为明显的融合状态。

说到这段历史，不能不谈到一个重要人物，这就是Y姓的容生。容生的家庭在土改时被划为中农成分，他本人小学毕业，比老一辈人有文化，更为重要的是他头脑灵活，做事机敏，善于发现、发展和利用各种关系和资源。50年代初他就担任了村里的团支部书记，在60年代初他担任大队长继而又做了支部书记以后，非常注意在公社和县级领导面前树立桃花峪的形象。他总是能够先人一步，标新立异，赢得领导和群众的刮目相看。例如，他在60年代中期曾组织全村人在山顶上种植松树，使桃花峪成为县里的绿化先进村；在1975年前后他又带领社员和知识青年响应"农业学大寨"的号召，平整土

地，修建"人造小平原"、蓄水池和盘山水渠；他早在
70 年代就引进滴灌技术，在山坡梯田上种植小麦，吸引
了全县的农村干部前来参观学习；他还设法把自己的弟
弟送进县打井队，一方面使之脱离农村成为拿工资的正
式工人，另一方面利用这层关系请县打井队给桃花峪打
深井，解决长期严重缺水的问题。这些举动在当时使小
小的桃花峪一跃而进入县级先进村的行列，从而能够赢
得一些稀有的资源；同时也为容生本人带来政治和文化
资本。这样一个精英人物的出现使得 Y 姓重新恢复了 40
年代以前的优势地位，同时由于集体性质的生产经营方
式，使亲缘关系与地缘性共同体的村级政权组织结合起
来，成为社区整合与运作的中枢。村内其他姓氏的势力
日渐衰落，村干部中外姓的人员也落到陪衬的地位。容
生在 50 年代加入共产党，自 1965 年开始一直担任村党
支部书记，他的正式身份虽然是国家政权末端的领导者，
但他领导和管理社区的基本方式仍是家长式的，如前面
提到的关于称谓的例子。

　　与容生同辈的容福老人曾经告诉我们，不管谁当头，
用人还是要用"仨亲的，俩好的。听话才好办事"。在
60 年代末到 70 年代，农村很少有社会流动的机会和渠
道，当时唯一可能离开农村的机会就是通过为数不多的

招工指标进入工厂和城镇。因而招工指标分配给谁就成为权力关系较量的重要事件。从 1971 年到 1977 年七年间桃花峪进厂工作人员的情况来看，大体有如下规律：Y 姓特别是与容生有近亲关系的适龄青年，一般不必为招工名额发愁，而且可以得到较好的去向，如高于乡、县级企业的市属企业；与容生有较远亲戚关系的家庭通过送礼、请客也可以达到进厂工作的目的；村干部的子女一般也比较容易得到招工的机会；既没有亲戚关系又不是干部子女的人则多半在招工事宜上一筹莫展，全村只有一个这样的青年最终获准进了市属工厂工作，他是靠对容生的忠诚和殷勤服务换取的这一机会。在整整一年的时间中，他每天给容生家挑水，为他干自留地里的活儿，一年之后终于如愿以偿。

说到给容生家干活，从中也体现出他的家长地位。容生的妻子体弱多病，其长子读完中学后被容生送进县里办的"五七大学"，毕业后招工进了市石化总公司，次子患痴呆症，生活不能自理，两个女儿尚年幼，可见除了容生本人家中并没有其他的劳动力，但实际上他家从不缺少无偿地前来帮忙干活的人。而且即使是来干活，也要有一定的关系，且需婉转间接地表达为他出力的愿望，并不是什么人都有资格来帮忙的。容生不仅颐指气使地支派来干活的人，也经常表现出对某些来帮忙的人的鄙视，直接告诉他们以后不要再来了。这意味着他根本不屑与这些人有什么瓜葛，他们也不能享有为他提供服务的殊荣。

1982 年容生调任乡砖瓦厂当支部书记，随后又到乡打井队当了书记。借助这一关系，桃花峪的年青人近乎一半进了砖瓦厂，后来又跟着他进了打井队，其中 Y 姓的青年占了一大半。从这一时期全村的情况来看，除了 Z 姓一人、N 姓一人因父亲担任村干部获得招工机会以外，与 Y 姓无亲戚关系的外姓人家，没有一人得到进厂进城的好事。以上实例显示了亲缘关系及其远近亲疏如何影响了资源分配的规则和过程。这样一种制约资源分配的先赋性关系得到村民们的默认，他们并没有表现出强烈的不公平感，最多只是说说"谁让你是小姓呢，谁让你家没人当干部呢"一类无可奈何的话。

在我们进入桃花峪时，最先注意到的就是居于村子中心位置的全村唯一的楼房，高墙大门，君临全村，这就是容生的住宅。它几乎成了一个标志，成为这位父母官声望与权威的象征。

90 年代以后，桃花峪的领导班子仍主要由 Y 姓人担任，实际上主要的负责人如支部书记、副书记、村委会主任、副主任都是Y姓春字辈的兄弟和堂兄弟。当然这一时期不同于改革开放以前，农民们有了自由流动的空间和多种创造收益的渠道与机会，因而在村里当干部并由此得到稀缺资源的好处，也就不再是让人眼热的唯一的和最佳的位置了。

全村亲和成一家

桃花峪原本是在不到一百年的时间里由先后迁来定居的几个姓氏群体构成的村落，因而虽然同属一村，但各姓还是相对集中地聚族而居。原来的住宅分布大体可分为四个部分：Y姓的住宅因当时躲避战乱多集中在东沟和大沟里面；A姓为看管坟墓主要聚居在北坡，房子在山脚下一字排开，坐北朝南；I姓在西坡下一处用石头垫起来的高台上，靠近H镇的边界，从南向北排列，该处因此被称为"I家台"；W姓住在南坡下，房子沿沟底修建。这种分族聚居的情况后来发生了很大的变化。集体化以后，由于村集体活动的中心如大队办公室、小学校建于距离几个聚居点都不太远、道路又相对便利的地带，不久Y姓的大部分家庭就从沟里迁往这一中心地区盖房住下，很快Z姓和N姓也紧靠着Y姓定居，使这里成为名符其实的村落中心。70年代因平整土地、规划道路和宅基地，部分的 A 姓被村集体要求拆去老屋，搬至村中心居住；I 姓也陆续从"I 家台"迁至村中心的房基地，到 90 年代原住处渐成一片废墟，仅剩的两户 I 家人也无法再住下去了。

四十多年来，桃花峪的居住空间发生了较大变化，各姓集中居住的聚居点基本消失，除了 W 姓集中的南坡因原来就紧挨着村中心而保留外，其他各姓都在统一规划的宅基地上同住混居。农户之间的距离和整个村落的居住范围都缩小了。

如果说居住方式的改变缩小了农户家庭的空间距离，那么通婚方式的变化则使人际关系的实际内容如亲属关系、心理认同和相互接纳等发生变化。

桃花峪在 70 年代以前是与邻近的外村和外乡通婚的，也有少数跨县的联姻。现在 50 岁以上的男性和女性大多是从村外寻找配偶和从外村嫁到本村的；本村的女子大多愿意嫁到属于平原地区的村落。通婚范围大约为方圆 50 华里。

自 70 年代初开始，村内不同姓氏之间的通婚日渐增多。由于 Y 姓是最大的姓，人多势众，又掌握着行政权力，因而各姓与 Y 姓的联姻所占比重最大。如 I 姓、A 姓、N 姓、S 姓都与 Y 姓成了儿女亲家，从而与之建立起姻亲关系，此外还有上述各姓之间的结合。同村联姻的结果是亲上加亲，远亲变成近亲，邻里变成亲戚，地缘关系与亲缘关系重合，全村渐渐地都相互攀上了亲戚关系，变成了"一家人"、"自己人"。扩展亲属网络的另一种方式是姐妹嫁到同一个村来，这种情况早在四、五十年以前就开始了，原因可能是山区男子娶妻比较困难，山外一个女子嫁过来，有时会把自己的姐妹介绍给婆家村庄的其他男子。比如在桃花峪，Ｉ姓的利存妻子与Ｙ姓的容泉妻子是亲姐妹，Ｉ姓的利富妻子与Ａ姓的志乡妻子是亲姐妹，Ｙ姓与Ａ姓的后代也娶了一对姐妹。姐妹同嫁一村使原来没有亲属关系或只有远亲关系的两姓人家成了连襟。亲上加亲所构成的重重叠叠的亲属网络把全村人更为紧密地连在一起。

　　在桃花峪比较特殊的是Ｗ姓人家，他们虽然最初是作为投奔Ｙ姓的远亲搬迁而来，但后来却渐渐与之疏远了关系。他们聚居一隅，不大与村中其他各姓来往，也没有任何男子和女子与村内各姓人通婚。他们似乎游离于村落社区之外，村里其他人提起这家人总是说他们人性不好而且乖张怪僻，路过Ｗ姓人家时口渴了也不会进去讨水喝。Ｗ姓的老一辈有兄弟五个，老大老二老三都是光棍，只有老四和老五结婚生子，因此，老五将自己的三个儿子分别过继给三个长兄以承后嗣。到了下一代，几兄弟中又有两人到了四、五十岁仍是尚未婚配的单身汉。W姓人除了前面提到的靠给书记家干活获得招工机会的一人外，再无其他人进城、进厂，也无人担任过村里的任何干部。

通过联姻逐渐连结起来的亲属网络把大多数村民包容在内，使之成为或远或近的亲戚，并构成亲缘与地缘重合的"自家人"共同体。然而在这一共同体内部，人际关系仍有远近亲疏的不同，亦受"差序格局"（费孝通语）的制约。具体而言，相对于外姓，同姓人是自己人；相对于同姓，有同宗血缘关系的是自己人；相对于姻亲亲属，血亲关系更为亲密；相对于旁系亲属，直系亲属更是自家人。我们在调查中看到的一次关于房产买卖的事例很能说明问题：现任村长Y老二遇到一件棘手的买房争端，他的兄嫂一家和岳父母一家同时要求买下一所房产。这所房子是老二的弟弟迁出桃花峪时空下的，紧挨这所房子的就是老二的哥哥老大一家，Y老大在市里工作，户口也在城市，家中只有妻子桂兰和三个孩子，其住所已是五间大北房，宽敞而明亮。桂兰提出要求买下小叔子的房，以便把自家扩展成拥有十间房的大院子，为儿子日后成家做好准备。尽管老大的儿子才不过十来岁，考虑其成家还为时过早，但桂兰还是看好了这个机会，而且她想到自己丈夫的弟弟（小叔子）是村长，堂兄（堂大伯）是支部书记，买下这所房子是十拿九稳的。要买房的另一方是Y老二的岳父母和内弟（小舅子），他们是I姓还仍住在I家台旧址的唯一人家，因为继续住在I家台已经十分困难，如吃水、用电和安全方面的问题，他们早就提出要求搬到村中心居住，所以急于买下Y老三那所空房。I家是全村最后一户需要搬到村中心的家庭，急等房子住。他们认为自己的要求很正当，一点也不过分；而Y老大家买房子并没有急用；况且自己的女婿是村长，先得到照顾是既合情又合理的。在村里就此事做出决定以前，两家人都对自己所拥有的关系并由此关系达到买房的愿望充满信心。而村级领导也迟迟未能给他们一个了断。两个多月后，当我们再次来到桃花峪时，看到I家父子住在原来大队部的破旧房子里，阴历年也是在这四面透风的房子里度过的。显然Y老大家买下了老三的房子。村长Y老二说，这件事很让他头痛，只好以后再给岳父一家安排房子了。其堂兄Y书记则说：只要再批一家宅基地，一定先给I家。经过这样一番安慰和许诺，I家父子也就认了，既没吵也没闹。

改革开放以后，桃花峪的领导班子是一批年轻人组成。他们并不满足于目前靠种果树达到的温饱现状，总想着通过办企业让桃花峪再上一层楼。他们尽心竭力，屡败屡试。到1992年初他们一共有过三次办厂的经历：先是建了一个香厂，但生产出来的产品卖不出去，很快就不行了。第二次通过Ａ家在县服装厂工作的振生牵线，为市东四服装厂做来料加工，但不久对方就不给派活儿了，服装厂也只能作罢。第三次又办了摩托车挡风玻璃厂，从镇信用社贷款，投入十几万元，开始几个月还不错，赚回来八万块钱。后因广东一家皮包公司违约，四万多元的货发出去，钱却没收回来，致使厂子倒闭。几次办厂的失败在桃花峪年轻一代的领导者心中翻卷着苦涩，他们总结出的失败原因有自身经验不足，外部环境不好等等，但他们认为最根本的还是没有过硬的关系。为此他们还在不停地绞动脑汁，并且把主意打到当年来此插队的北京知青身上。他们说，这些人现在干什么的都有，官员、企业家，当然也有发了财的大款，如果能为桃花峪帮一小手，就可能走通乡村工业化的路子。在我们离开桃花峪时，这条路还未走通，人们的努力也还在进行。

　　亲缘关系网络是存在于中国数千年的基本社会结构

和历史文化过程，其在现代社会中的变迁和角色以及传统人际关系对现代化发展的影响亦是社会科学极为关注的问题。比较早期的研究主要基于进化论的思想脉络和西方中心主义的立场，因而容易导致一种二元对立的观点，即把先赋性关系与获致性关系、礼俗性与法理性、归属关系与契约关系、特殊主义与普遍主义、乡村社会与工业社会，总之即传统与现代做二元的划分，视为相互对立和排斥的，并进而认为社会的现代化就是后者取代前者的过程。我国农村的现实却向我们显示了传统亲缘关系在经济变革中生机勃勃的存在和功用，在各种不同类型的乡村社区，我们可以看到在 80 年代乡村工业化过程中，在 90 年代农村劳动力的转移和流动中，传统社会关系都是最为直接和重要的资源。而像桃花峪这样一个小小村落，近半个世纪的历史变迁向我们展示了其社会运作和社区整合的最基本方式，即亲缘、地缘与业缘、正式组织与非正式组织的交融与互动，尽管这个正在萎缩衰落的村庄并不是传统社会关系资源成功运作的例证。

　　桃花峪的故事只能讲到这了。它很小，很偏远，我们并无意从这一村落社区的生活现象中推论出什么宏观的理论架构和普适意义。它的意义只是显示出社群构成与整合的一种方式，表现了人们结缘、互动、生活与思考的一种方式。其实对于一个社会中的个体或群体来说，正式与非正式、制度与象征、现代性与传统的共同存在乃是一个恒常现象；而且不仅限于农村社区，亲缘关系作为富有生命力的文化传统，其更有意义的存在还在于它的形式在整个社会范围内得到复制和放大，"关系就是生产力"的命题正是这一普遍现象的概括。人们常说划分人群有不同的标准：诸如政治的、经济的、种族的、宗教的、职业的……，我们耳熟能详的是"亲不亲，阶级分"，"天下××是一家"；而桃花峪所明白显示的则是"血浓于水"，当然这对中国人来说一点也不陌生，它每日每时就发生在你我身边。

1992 年 11 月记于桃花峪

1997 年 5 月改写于北京

10. 生活的样式与生命的风格——上村和下村

上村和下村并不是两个相邻的村庄。上村在盐碱铺地、风卷沙尘的黄河故道；下村位于河湖纵横、粮丰鱼肥的江南水乡。一北一南两个地方原来都是地地道道的农村，分田到户以前都是普普通通的生产大队，到了90年代也同样经历了十年改革春风的沐浴。但它们的个性和风格仍是如此地不同。我们在90年代初的一个腊月到了上村，在那度过了最隆重的中国传统节日——阴历年，过完小年（当地为正月十五）告别那里。接着在早春二月踏上了下村的土地。两个村落给人的印象都十分深刻，而且反差强烈，对一个人类学研究者来说，不啻于两种文化给人的感受。

初到一地，总要接触各样的人，打听各种事情，最先感觉到的就是当地语言的特点。上村所在的豫北地区是北方方言区，当地人讲话给人最突出的印象就是简约，两字词、三字词到了他们口中经常就变成了一个字。例如："知道了"就是"着"（zhao 第二声），"不知道"也就是"不着"（bu zhao）；吃饭时"夹菜"叫"叨"（dao 第二声）；"筷子"称为 kiao（第四声）；"鼻涕"叫作 biu（第二声）；"做什么"（先简化成"做啥"）就发一个音

zhua（第四声）；"一个"是 yo（第四声）；"聊聊天"是
"喷"（pen 第二声）；"停止"是"候"（hou 第二声）。
浊而厚重的发音加上词语的简洁使人感觉上村人有时似
乎是懒得开口说话，有时你问了半天的问题得到的回答
就是一个字"中"或"着"。

下村人的语言是典型的吴侬软语，发音部位靠前，
几乎全在唇齿之间。语流急促、涛涛不绝，听上去字字
句句真好似水花飞溅、珠落玉盘。初到之时，与他们的
语言交流颇有障碍，住得久了方能听懂大半，不过当地
人以较快的语速相互交谈时，作为外来人还是一头雾水
摸不着头脑。

语言的差异只是一种表征，文化性格的不同表现在
生活景观的方方面面。

农村与工村

上村是普通因而也称得上是典型的北方农村，人口
两千零几十，耕地三千多亩，人均耕地 1.7 亩。主要作
物是小麦和棉花。我们去的那年因遭受严重的虫灾，棉
花几乎无收，当年人均收入仅二百多元，正常年景时的
人均收入大约五百多元。上村的主要产业就是种植业，
80％以上的农户除了种地还是种地（纯农户），另外有 5％

的农户从事个体运输，5％从事小商业，5％搞建筑，5％的小加工业、医生、教师，而这四个5％也都是种地为主兼营他业的。村长说，看见人家南方农村都办乡镇企业，我们也不是不想搞企业，可是从何起步啊？没钱，没人，没技术，没项目，没资源，怎么搞啊？

我们刚一进村，就被一些村民当作记者包围起来。他们纷纷诉说满腹的苦恼：年景不好，虫子把棉花都吃了；用很贵的价钱买来的说是最好的农药，打上却不管用，虫子照样咕蛹咕蛹地爬，可鸡吃了虫子却被药死了；负担太重，种地挣不着钱……。在村民孟大叔家过年时，我们看到了他家的上缴税费表：（见下页）

当年孟大叔一家种了八亩棉花，光打杀虫药就花去三百多元。当年的棉花只卖了430元，定购粮卖了753公斤小麦。一年的收支帐算下来，除了一家人的口粮外，竟所剩无几。最让村民不满的是收费单中的"其它"一项，孟大叔拍着收费表说："其它"是什么？总得有个名目啊？村民们认为名目不清的提留收费都是被村干部拿去吃了喝了，他们对此可谓深恶痛绝。而村干部也是满腹苦衷：村里现在欠外债四万多元，一年要开支一万多元，几乎全是烟、酒、招待费。"上边"老来人"检查工作"，连吃带喝，连抽带拿，有的甚至明着要钱，说自己

家里盖房或办事。村干部为这些事愁得不行，也不愿意
再当干部了。现任村委会主任是两年前才从哥哥手里接
下这一职务的，他说下一年坚决不干了。

农民承担费用和劳务通知书

家庭人口：6 人单位：元

上交国家	
农业税	117.9
农林特产税	29.5
粮食定购	69.6
油料定购	
粮油差价	11.8
乡镇统筹费	
乡村办学	59
计划生育	
优抚	44.2
民兵训练	5.9
乡村公路	44.2
村提留	
公积金	29.5
公益金	32.4
管理费	44.2
集资	
广播	88.4
综合治理	8.8
服务收费	103.1
防疫	29.5
其它	47.6
换种粮	57
合计：	**822.6**

　　下村在人民公社时期也是种植业为主的村庄，但村
办工业起步较早。在 60 年代末，小五金、小农机厂就在
体制的夹缝中顽强地生长起来。经过 25 年的曲折发展，

下村已经成为拥有八家企业、固定资产总额 4309 万元、年工业产值 2 亿元的"明星村"、"亿元村"。村内劳动力大多就业于村办各企业，企业用工的不足部分还需从外村招工补充，年人均收入接近 3000 元。

下村的产业结构已经发生了根本的改变，农业已经不再是主业。原本不多的耕地因建厂、修路等占用越发减少了。全村 438 户，1503 人，人均占有耕地仅 0.78 亩；而两年后当我们再访下村时，人均占有耕地降至 0.5 亩，有两个村民组人均耕地甚至只有三分多了，对有些农户来说，连提供自家消费的口粮都不够了。村干部告诉我们，现在农业已经成了一个包袱，大多村民不愿意种地了，农户种粮卖粮完成定购任务，村里得给予补贴，一斤小麦要补 0.36 元，一年用于粮食补贴的钱就需 20 万元。农民不愿种田，村委会于是决定只给各户留下口粮田自种自吃，而把责任田都集中起来，包给外省来的种田专业户耕种，完成每年上交国家的任务。其实，村里对这些专业户不收任何费用，耕种、植保还要贴钱。以工补农为的是不撂荒土地和完成国家粮食征购任务，不足部分每年还要从外村购买，其中的粮食差价也是由村里补贴的。

作为下村的村民，不仅没有任何农业负担（税、费、

统筹等都由村里支付),而且还能享受只有本村村民才能
享有的福利待遇。企业每年上交村里的钱除了用于粮食
补贴外,还有用于水利建设的 20 多万元,修建村内道路
和排灌暗渠 10 万元,村民福利事业如合作医疗 7 万元,
养老补助 5 万元,此外还有征兵补助、液化气补贴、教
育奖励等等。例如各家各户使用的液化气,按市场价是
38 元/罐,而村民购买只需 16 元,其余由村里出了。再
如所有考上高中和大学的学生、初中前十名的学生和三
好生都能得到村里发的奖、助学金。还有村里每出一个
兵,都会按照当年一个劳动力的平均收入补助其家庭。

各企业都有自己的招待所和饭厅,村民们对于最具
中国特色的社交方式——喝酒吃饭的态度也发生了变化。
村干部和厂长们要是好几天没陪外来的客人吃饭,村民
们就会有所议论和猜测,担心是不是客户少了,营销、
生产会不会萧条等等,看来饭堂里的熙熙攘攘与村民们
口袋里面钞票的多少是有关系的。这和一般村庄中村民
对干部吃喝深恶痛绝形成鲜明对照。

下村的农民已经不是原来的农民了,日出而作日落
而息的节奏已经被准时上班、进厂打卡、打铃下班所取
代。手表和挂钟的普及显示了一个由钟点支配的时空范
围,与按农事节气和粗略的时间计量单位如"大清早"、

"昨夜里"、"一顿饭的工夫"大不相同。准时、守时、省时已经成为村民们的日常生活方式；村干部和企业家的名片省了介绍的麻烦，有时倒是我们这些进村不带名片的外来者感到窘迫。电话和大哥大的普遍使用让人们经常"以机代步"，访人、办事或与外界联系都会听到这样的提醒："先打个电话"。下村人和他们的领导者、企业家们已经进入了风云变幻的市场之中，他们的从容、自信表明他们已经渐渐熟悉工业和市场这一片新的天地，正如他们过去对土地的熟悉一样。村内林立的厂房、繁忙的交通、行色匆匆的上下班人流都让你感到这已经不是一个农村，而是地地道道的工村了。

穷则思变？知足常乐？

下村今日的发展和富裕来得并不容易，天上从来没有掉下过馅饼。在 1968 年企业初创之时，下村大队十个生产队只凑起两千多元钱,厂址设在原来的三大王庙里。因为资金不够，只好把庙中一棵古老的大樟树的侧枝锯下卖掉，以补资金不足。这棵大樟树现在成了下村的创业者们教育下一代的活证。技术人员则是利用从城镇下放的工人；产品也换过多次，从做螺丝到装配车床再到制造印染机械和印染。经过前十年的惨淡经营，到 1978

年工业产值达到 52 万元。80 年代初，为了积累资金、培养技术力量和提高管理水平，下村的主要领导和企业家带领十名骨干赴南通与他人联营办厂，称此为"借地练兵"。创业期间他们备尝艰辛，但南通厂第二年产值就达百万。80 年代中期他们合同期满返回家乡，投资 28 万元办起了自己的丝绸印染厂，这就是后来最先达到产值亿元并保持良好发展势头的下村支柱企业。说起办厂的历史，下村人能掰着手指数出一次次飞跃。他们把企业的"先驱"——在破庙里起家的机械厂称为"母鸡厂"，因为后来的七、八家企业都它生下的"金蛋"。村领导和企业家们一直在与小富即安、知足长乐的思维定势对抗着，他们从不停步，因为他们知道，在市场经济的浪潮之中，停下来就意味着死亡。下村的企业也经历了 80 年代末的艰难岁月，但他们连年不断投资，在激烈的竞争中总是先人一步，上新项目、新工艺，引进德、法、美、意的设备。其设备与同行业的国营企业相比也是领先的，其产品也越来越多地打进国际市场。到 1994 年底我们再次来到下村时，工厂已由原来的八家变成十一家，一年多以前还是一片稻田的地方新建的厂房已初具规模，当年全村的工业产值达到 5.5 亿元。

　　下村农户家庭的生活水平也是变了再变,从 70 年代中后期开始出现二层楼房到 90 年代初的洋楼别墅,不到二十年的时间中下村人的住宅三次翻新。以前的茅房粪缸变成了抽水马桶、洗浴设备一应俱全的卫生间,烟熏火燎的灶间换成洁白光亮、灶具炊具讲究的现代厨房。上楼或进入卧室更换拖鞋也成为许多家庭的日常习惯。下村人已经告别了"手是黑的,脚上有牛屎"的农民形象。

　　下村给人的感觉是躁动不安的,下村人总是不满足,富了还要再富,好了还要更好。那份勤勉,那份精明,让人不能不承认,如果让一部分人先富起来,那就应该是他们。

　　上村所在的黄河故道古来便是贫瘠凋敝之所。有历代文人官员的诗词为证:"村落甚荒凉,年年苦旱蝗。老翁佣纳债,稚子卖输粮。壁破风生屋,梁颓月堕床。哪知牧民者,不肯报灾伤。"(明巡抚于谦)"北望沙门路,无风亦起尘。蓬头经布妇,赤脚煮盐人。迎送昼兼夜,差徭旧并新。细评诸郡县,最苦是延津。"(明知县韩贯)"三里孤域两面沙,东南遍地碱生花。民间恒产知何在,几度观风几度嗟!"(河北分巡道张金事)

　　盐碱、风沙、水、旱、虫是当地历来最大的灾害。

建国后几十年的治理营造特别是改革开放后的农业政策
以及良种、化肥等科技要素的增加，使当地的粮棉生产
达到历史最好水平。上村人自己的感受是这些年来吃饭
不成问题了，温饱问题解决，而且基本上"细粮化"了。
我们所到的家家户户都对这一点表现出满足，"现在天天
都能吃白面了"。至于温饱之后又如何人们倒不处心积虑。
偶尔也有人提到南方农村乡镇企业的发展，可转眼一想，
资金、信息、技术从何而来，水、电等资源又如何解决？
在当地办厂简直就是上天无门。说到外出打工，村里人
也不以为然，觉得男孩出去吃苦受累犯不上，女孩子到
城里当保姆侍候人更是"不中"。他们并不讳言"我们这
儿的人就是恋家，不愿意远离故土"。

　　上村的冬天是寒冷的，它地处黄河以北，位于北纬
35°07'——35°29'地带。室内也没有取暖设施，这并
不在于经济上他们否有条件以煤取暖，而是他们的居住
条件不同于一般的北方农村。在他们的房屋中没有北方
农村最常用的火炕，而是一张张结实厚重的木床。他们
对付严寒的唯一方式就是多穿多盖，被子重的让人喘不
过气来，老人小孩穿着厚厚的袄裤走路时腿都打不了弯
（当地是产棉区，棉花不缺）。即便如此感觉还是冷，从
早到晚都是手脚冰凉，瑟瑟发抖；夜里睡觉进了被窝很

久都暖和不过来；清早起来时，毛巾已经冻成硬板，杯里的水也结成冰块了。我曾想当地人世代在这里生活，是不是已经习惯了寒冷，比其他地方的人更耐寒？答案是否定的，他们并不比我们更不怕冷。当地大多数人的脸上、手上都长了冻疮，他们说一年冻了就会年年冻。

冬季闲暇时，家人亲朋常常一起坐在灶台上聊天打牌。过年到各家串门时，主人会指着一米左右高的灶台热诚地邀你上去坐，并递上一把椅子好让你踩着上去。尽管那灶台上有做饭煤火的一点热量，但坐到人家灶台上总让人感到有失体统，所以我们也总是客气地婉拒。

虽然说是有了温饱，取暖问题没解决，实际上是有"饱"而无"温"。有了对寒冷的切身感受，我们就总想给村民过冬取暖出点主意，我们建议说：你们这里是产棉区，村里到处都是大垛大垛的棉花秸，烧的燃料不成问题，为什么不垒个砖炕或土炕，让屋里暖和点，睡的舒服点，至少老人孩子少受点罪？这样的主意立刻被每一个听到的人拒绝，"那可不中，人家都睡木床，我要是垒个炕，不得让人笑话死"。

话说传统

知足常乐、安土重迁是上村所在地域的历来传统。

历史上的人口外流都是发生在黄河决口改道或虫、旱肆
虐的大灾之年。逃荒要饭、背井离乡从来是凄惨苦痛的
经历和记忆。当地一位文化人这样描述自己家乡的风土
人情，"民勤耕稼，务农为本，眷恋家乡，不乐外迁。"
境内沙碱丛集，兵连祸结但人民群众世世代代在这块土
地上繁衍生息，**"经千灾而不徙，历万劫而不泯"**。一首
过去传唱的民谣更是生动地表现了当地传统行为方式的
某些特点，我们不妨把它引述如下：

夫妻对唱十二月：

一月

妻唱：正月里迎新春，穷人房中泪吟吟，富豪人家
元宵喜，咱家柴米断了炊。

夫唱：爷们一听哈哈笑，缺吃没烧咱去要，前街响
起咚咚鼓，后街拉鞭又放炮，人穷过年照样喜，谁说咱
们不热闹？

二月

妻唱：二月里龙抬头，俺在房中发了愁，街坊邻居
煎年糕，咱家没有一滴油！

夫唱：爷们听见拍拍手，你说吃啥咱没有？萝卜缨

几嘟噜，红芋叶两草篓，看见人家吃年糕，你嘴里伸出一只手！

三月

妻唱：三月里三月三，咱穿的烂衣用线襻，整天沿街去要饭，我看你咋在人前站？

夫唱：会要饭也不简单，天天能尝百家饭，不买米，不磨面，柴米油盐全省完。不偷不抢不丢脸，我天天能在人前站！

四月

妻唱：四月里麦梢黄，家里地里人倍忙，人家忙的收新麦，咱家没麦空一场。

夫唱：没有麦别着急，人家收过咱去拾，拾到小麦蒸馒头，拾到大麦辗米吃！大长春天熬一季，肉到嘴边咋不吃！

五月

妻唱：五月五是端阳，打场抢种人更忙！人家忙的为丰收，咱们忙的哪一桩？

夫唱：人与人不一样，海水岂能用斗量！今朝咱穷不算穷，来日发财盖新房，只要勤劳靠双手，说不定还有大福享！

六月

妻唱：六月里似油煎，咱住的破庙露着天，无风无雨还好过，碰上大雨就撑了船！

夫唱：撑了船咱搬家，日子好比芝麻花，节节高来有盼头，人到何处不是家！

七月

妻唱：七月里雨连连，日子过得更艰难，家家户户炸油果，咱家没有半粒盐。

夫唱：没有盐，刮盐土，淋出小盐也不苦，苦尽甜来终有日，到时买身新衣服。

八月

妻唱：八月里，秋风凉，人们忙着做衣裳，你穿个布衫没有袖，俺脚上的旧鞋烂了帮。

夫唱：衣服烂，也要过，缝缝补补那值啥？拾点棉花套被子，晒些干草把铺打，喧铺暖窝不受冻，拼拼凑凑又过了。

九月

妻唱：九月里重阳节，穷苦熬到何年月？苍天不给穷人便，满肚苦水对谁说？

夫唱：不信命不信天，共产党领咱把身翻，东村来了游击队，西庄拉起了"望蒋杆"，地主老财都斗倒，保咱有吃又有穿。

十月

妻唱：十月里立了冬，天气寒冷水结冰，白天跑着还好点，到了夜里就挨冻。

夫唱：天气冷，不要怕，你给我拿来掏草叉，咱夫妻双双投八路，烧了碉堡就有法。

十一月

妻唱：十一月里雪花飘，年尽月到把心操，有钱能买哈哈笑，穷苦人家受煎熬。

夫唱：受煎熬，咱不怕，跟着共产党打天下，赶走日本捉老蒋，吃苦受累算个啥？

十二月

妻唱：十二月整一年，受的苦处说不完，人家过年吃饺子，咱们过年原扯原（不明何意）。

夫唱：原扯原哪不好，小日本已经被打跑，眼看老蒋也报销，咱没钱过年唱民谣，民谣唱的不服穷，民谣唱的哈哈笑，唱得穷人翻了身，唱得江山换新貌。

这一民歌对唱让我们感受到什么？是苦中作乐？是精神胜利？是坚韧、幽默、豁达、乐观，还是别的什么？

比较而言，下村人可是不安分的农民。下村位于人口稠密耕地不足的地域，为了养活更多的人就必须尽可能地提高土地的产出率，老一代村民都有过在仅有的土地上精耕细做的经历，他们把这称作"描龙绣凤"。一方面在田里勤勉耕作，另一方面他们也向外寻找出路。早在本世纪三、四十年代以及农民尚可流动的五十年代初，下村人就有赴上海、"跑江西"的历史。更有不少农家把子弟送到苏（州）、（无）锡、常（州）去做工、学徒。正是这批人在六、七十年代因下放或退休回乡，适逢其时地成为当地乡镇企业发展时期的骨干力量。村里许多原来就业于城市、工厂的老人，男女都有，退休后回到家乡度晚年，一问经历，干过车工、钳工、纺织工、缫丝工、做饭、理发、缝纫乃至拾荒（收废品）的一应俱全。可见下村早就有农民流动的历史传统。

上村人和下村人有各自不同的传统，他们也都尊重自己的传统。所不同的只是如何在传统的基础上营造今日的文化时空，或者说创造新的传统。

上村仍是一个典型的农业社区，人们的生活与行为方式遵循着自然和农事的节律与世代传承的习俗。冬季是一年中最闲的时候，围绕着过大年的活动从腊月就开始了。民间谣谚这样记述过年要做的各种事情：

二十三，祭灶官；

二十四，扫房子；

二十五，拐豆腐；

二十六，蒸馒头；

二十七，杀公鸡；

二十八，贴花花；

二十九，担香炉；

三十，蜕蹄（换新鞋、新衣）

初一，蹶墩（磕头）

初二，捞捞饭；

初三，擀杂面。

大年三十吃过了家人团聚的年夜饭，很快初一的大拜年（蹶墩）就开始了。按规矩从三十到初七要把祖宗家谱悬挂于正屋，来拜年的亲属进屋要先向家谱磕四个头，然后再给家族中的长辈磕头拜年。各家院内屋中都贴了红纸写的对联、吉利话：大门口常贴的是"宽宅宽地更宽心，积钱积粮又积德"，横批"和善为本"；厨房门边的对联是"锅碗瓢勺刷得光，一天三顿吃得香"，横批是"生活小康"；东房的两幅对子分别是"三星在户在此户，五福临门临我门"，横批"风和日丽"；"抬头见喜家家喜，开门迎春处处春"，横批"迎喜接福"；用作库房的厢房门口则有"五谷丰登人人喜，六畜兴旺处处春"；西边连牲口棚也没漏下，贴的是"平时喂养多费心，干起农活少掏力"，横批"积肥下驹"。此外，院内牲口槽上贴有"槽头兴旺"，拖拉机上是"安全行车，多拉快跑"，电闸上是"小心灯火"，压水机上是"清水长流"，连树上也贴着"多栽快长"的字样。过年时各个屋里都挂上了神像，东屋墙上是天爷像，厨房里有灶王爷像，牲口棚里贴马王爷像，各位神像下都摆有香火和供食。

按照当地习惯，不可缺少的活动还有大年初二的女儿、姑爷回娘家和初三的上坟祭祖。初二当日我们随一位大嫂一家骑自行车约70公里前往她的娘家。出嫁的女儿回家的机会很少，一年当中只有正月初二和八月十五走两趟。其时要带上点心、烟酒给父母拜年。初三日是上坟祭奠亡故祖先的日子，是日上午各家各户都要到坟地墓前烧纸、鸣鞭、摆供飨，磕头祭拜亡故的祖父母和父母。上坟的房东大叔一丝不苟地做完祭坟的每一程序后又仔细地给我们讲述了当地坟墓排列的规矩。家族墓穴的安排很有讲究，朝向是从西北斜至东南，主要有两种形式，一种叫"凤凰双展翅"，也叫"携子抱孙式"，

另一种叫"凤凰单展翅",大致样式如下:

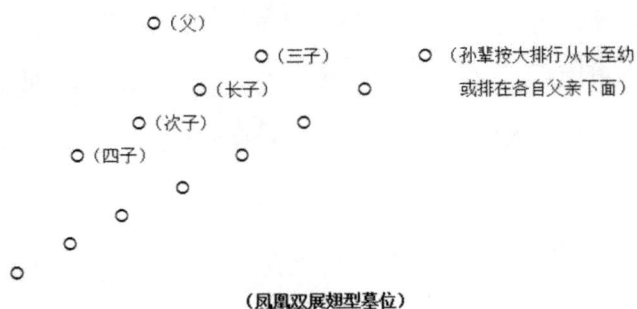

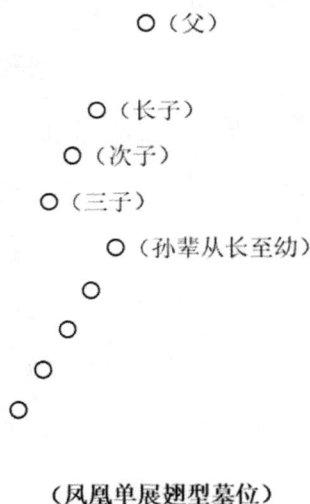

○(父)

　　　　○(三子)　　　○(孙辈按大排行从长至幼
　　○(长子)　　○　　　　或排在各自父亲下面)
○(次子)　　○
○(四子)　○
　　○
　○
○

(凤凰双展翅型墓位)

○(父)

○(长子)

○(次子)

○(三子)

○(孙辈从长至幼)

○

○

○

○

(凤凰单展翅型墓位)

上村的某些称谓也引起我们的注意,例如对父亲的
称呼,有的人家叫"叔",有的人家叫"大爷"或"大"。
经过询问才了解到,如果一个父亲在兄弟中排行老大,
那么他的亲生子女与侄儿侄女都称他为"大爷"或"大";
如果他排行最小,那么他的子女也一如他兄长的子女一

律称他为"叔"；如果他排行中间，一般就叫爹。当然现在的年轻人许多也和别的地方一样叫爸了。这样按照所谓大排行的称呼十分清楚地显示出家族重于家庭的传统意义。

　　谈到传统形式的保存，仍是农业社会的上村和正在城镇化过程中的下村都经历了四十多年来传统衰落和复兴的历史过程。只是下村的传统仪式、习俗注入了更多新的意义和形式。我们在上村和下村都曾参加过葬礼，前者的丧葬仪式基本保留了传统形貌，披麻戴孝、长子摔老盆、祭奠过程、木棺土葬及坟穴排列（如上图示）都一如继往。丧葬之礼作为最隆重的家族仪式，其凝聚群体的功能和意义仍没有改变。而下村的葬礼在形式上已经趋于简单，臂戴黑纱、腰系一条白布取代了以往披麻戴孝的繁琐，一应俱全的纸器替以城里人用的花圈，程序上的"三朝"、"五朝"、"七朝"也简化了；而这当中最大的改变恐怕还是土葬变成了火葬。下村修建了一座很大的安息堂，供全村的农户安放死者骨灰，由村里派出专人负责安息堂的看护和清洁。安息堂内不再按家族、家庭划分位置，全村的死者按照先来后到都在其中相安共处。尽管有了许多简化，必要的仪式过程仍很隆重。出殡是日，类似于上村所用的吹鼓手，下村是请乐队，而且通常是两个班子，一班是所谓"军乐队"，以鼓号等现代吹奏打击乐为主，另一班是弦乐队，以传统的江南丝竹乐器为主。前来参与这一天热闹的人员不仅限于宗族和姻亲的各类亲戚，也会有许多朋友、熟人、同事或业务上的伙伴。尤其丧家如果是村干部或有声望的企业家，前来吊唁和帮忙的人就更多。不难看到，葬礼这一围绕着家庭和宗族的仪式，其意义和功能已经扩展到整个村落社区甚至村落以外。

下村原来有一些庙宇，各姓也有自己的祠堂。现在有些屋舍还在，但都已用作办公室、厂房或让外来打工者做栖身之所。宗教信仰活动仅剩下一些老年妇女在某些固定的时日聚集在某人家里吃吃斋、念念佛，烧些元宝（锡箔所制）以祈风调雨顺、人畜太平。村里人说，这是她们的精神寄托，对社会无不良影响，也是老人们交际、娱乐的方式，和年轻人开舞会、唱卡拉ＯＫ是一个道理。

安宁与躁动

田园村舍构成的上村是安祥宁静的。冬日积雪未化时，田地和村庄都是一片晶莹，空气透亮而清冽；四周的安静使得鸡鸣狗吠和过年的爆竹声格外响亮。这仍是一个没有陌生人的社会，家家户户生活琐事的细微末节也是公开的秘密，个别从外省嫁过来的媳妇身世经历很快就被村民们了解得透彻。对我们这样外来的调查者，他们也只有稍许的惊奇、猜测、误解，时隔未久便也研究得一清二楚。来我们的住所串门时随着一声对自家人的亲切称呼（妮儿），脚步也就迈进门来，全无事先约定以及先敲门再进屋的所谓现代方式。平时下地干活，赶个集，买个货，出门也不用上锁。

　　处于不断开拓发展中的下村则是繁忙而喧闹的。主要街道上车水马龙，"塞车"这一城市现象和词语也在这里出现了。车尾排出的气体、车轮带起的尘土与厂房中的轰鸣声、建筑工地上的嘈杂声以及喧哗的人声混合成一个灰色、巨大而让人心神不安的生存时空。由于印染行业有一定污染，村内的空气已经不再新鲜，风吹时浓重而怪异的气味飘过。村民种植的蔬菜上常能见到化学污染造成的斑斑点点，当年由于外村排放污水导致下村部分稻田减产也正为村民们所抱怨。污染治理是艰难的事业，邻近乡村同类的印染企业就有二百多家，既是激烈竞争的对手，也是造成污染的同犯，而治理环境显然不是一厂、一村、一地所能完成的。与村里形态各异可谓争奇斗艳的洋楼别墅形成比较的是,村内和周围的河渠沟又没有一条不黑,没有一条不臭。站在高处举目四望时,每每让人发出"水乡秀色今何在"的感慨和悲伤。

下村也不再是一个完全由自己人、熟人构成的社会。有外村、外乡、外县和大量外省人员来村内工作。来自相邻村镇的劳动力已占到下村企业员工的 45%;而建筑、装修、筑路、修堤之类比较粗重脏累的活计,都是由来自安徽、四川等地的外省人和当地称为"江北人"的苏北人承担的。下村的干部每日都会见到陌生的面孔,他们估计(无法准确统计)外来人口数已占到全村人口的三分之一。而原来仅在地域上分离的贫富差异、文化差异现在叠合在同一时空中了。这给下村人带来的不仅有发展的速度和日新月异的面貌,还有极大的不安全感。事实上,盗窃、抢劫的案件已连续发生,相邻村镇还出现绑票勒索的犯罪。一些有钱人家为防意外,每天专人接送孩子上学放学。当我们 1994 年再访下村时,在连续半个月的时间中平均每天一起案件,最多的一个晚上就发生四起入室盗窃和抢劫事件。下村人说 90% 以上的案件都是外地人所为,还经常嘱咐我们晚上不要单独外出。村里采取的措施是组织联防队夜间巡逻,各家各户也都加强了防范。一位企业家在带领我们参观他家的西洋别墅式住宅时，专门指给我们看他放在卧室床头锋利锃亮的日本军刀和衣柜中子弹上膛的双筒猎枪；为了家人的安全和这幢造价百万元的住宅，他不仅用高墙铁门围了个严实，还专门养了两条大狼狗看家护院，对此他开玩笑说："晚上把它们放开，在院子里守卫，白天我得伺候它们，比养孩子还精心，简直是养了两个老太公。"他的话让人不由想要提问：难道这就是发展的代价？或者为了幸福而付出幸福的代价？环境、治安和社会公正方面的种种问题无疑是下村人已经面临的新的挑战。

两个村庄的故事只能讲到这了，它们还没有结束。我们并不想把上村和下村划归为传统的或现代的村社类型，也无意对其做什么落后或发达的判断。它们各自都有自己的传统，有自己的过去，今天也都走到了自己的现代。它们只是中国大地上两个不同的村庄，有着不同的性格，展现着不同的生活景观和不同的生存方式而已。我们可以经由它们认识中国文化的丰富内涵，认识"中国农民"这个相同头衔下形形色色、各不相同的人们和他们生存环境的多样性。四十多年以来农村社会的制度环境是相同的，而在这一相同体制下，各地的农民根据自己特有的地方性知识和文化小传统营造出五光十色的生活世界。在这一过程中，作为历史积淀的文化传统显

示了强大的生命力和高度的适应性弹性，历经外部力量
的猛烈冲击而绵延未绝，而更加显示出其迷人的魅力。

1992 年 1 月--1994 年 12 月

分别记录于上村和下村

11. 另一种生存动力——离开土地的农民

背景

　　农村人口大量离开土地投奔其他行业，被认为是传统农业社会转向现代工业社会的必然现象和历史过程。资本主义的发展特别是产业革命的发生被视作推促农民大规模地离开土地、进入城市成为产业大军的主要动力。工业化、城市化、现代化的历史进程伴随着愈加广泛、迅速和持续的农村劳动力流动，这在资本主义首先发展的国家是显而易见的历史事实。但在作为传统农业大国的中国，这种大规模的、持续性的流动却迟至本世纪80年代中后期才如破堤潮水，一发难止。此前的流动只是少量的、特殊性的，因而时常被概括为传统型的农民社会流动[1]，传统农业社会中农民的流动不仅是少量的、缓慢的，而且通常发生于某种特殊境况或者是某一文化小传统作用的结果。我们可从脱离农村社区的可能途径来具体分析。传统社会中农村人口向外流动的方式大致有：1.读书做官；2.从军；3.逃荒；4.到海外谋生；5.进入城镇手工业和服务性行业；等等。能通过科举走仕途之

---

[1]袁亚愚等，《中国农民的社会流动》，四川大学出版社，1994年版，第13--31页。

路的只是农村人口中的极少数，而且大多是属于文化上层的士绅阶级，虽然"耕读传家"一直是乡村社会中的一种理想，但实际上处于社会文化下层的普通农家通常与此无缘。从军与逃荒都是特定时间、特殊事件或环境所造成的，而且不是连续持久性的流动。至于流动到海外谋生，多发生在广东、福建等沿海地区，除地域性经济特点外，人际关系连带和文化历史传统也是重要的促发流动因素。进入城镇手工业和服务性行业更是与地方性文化小传统有密切关联，如某地出木工、瓦匠，或某地专门向城镇输送保姆、仆役等。文化层次上的分野和因不同的文化小传统而导致的流动途径和目标的差异，正可表现出文化在流动决策中的作用，尽管文化意识或观念较之经济结构与制度安排可能不是最主要和直接的决定因素，但它们之间的相互作用，却能更好地解释农民离开乡土的活动。

詹姆斯·斯科特（James C. Scott）曾在其《农民的道义经济》一书中提出生存伦理（subsistence ethic）的概念，并通过对东南亚农民的生存与反抗的分析指出此生存伦理如何解释了农民社会中许多其他方面的特殊安排，进而使开始于经济学领域的研究，最终成为对农民文化与宗教的研究。生存伦理亦可部分地解释中国传统社会农民相对地固定于乡土、不发生流动的原因。"生存取向的农民宁可避免经济灾难而不是冒险去最大限度地增加其平均收益",[2]这一事实不仅对于剥削和反抗的问题意义重大,而且有助于理解农民社会流动的发生机制。生存伦理支配下的广大农民宁可守着有限的地块土中刨食,也不愿冒险进入一个也许收益更大但却是他们完全陌生的环境。

在中国传统农业社会中,生存伦理的形成与匮乏的生存资源和愈加恶化的生存环境有关,也和上千年来"重本(农)抑末(工、商)"的基本国策和官方意识形态相联系。"天大地大,农夫为大"、"七十二行,种田为王"是这类意识形态在乡里社会的体现。传统的土地所有与经营制度、以小农家庭为单位的生产方式是造成农民乡土意识的重要原因。费孝通用"乡土中国"这一观念类型[3]概括中国基层社会的特性,正是从"乡"和"土"这两个层面着眼的。前者是作为生存依托和保障的血缘一地缘共同体,农民从不按照个体劳动力的投入和产出计算收益,只要家庭或宗族的收入总量增加了,每一成员

---

[2]Scott, J., 1976, *The Moral Economy of the Peasant*, New Haven: Yale University Press.

[3] 费孝通提出的观念类型(ideal type)是指从具体现象中提炼出认识现象的概念。见《乡土中国》重刊序言,三联书店,1985年版。

的饭食也就有了，因而农民的恋乡是对其终生依靠的家族群体的依恋；后者是最首要的谋生办法，在田里讨生活的农民是"粘着在土地上的"，生时的吃用从土里来，死了也得入土为安。传统信仰中最常见和农家最感亲近的神祇就是遍布村村社社的土地神。"有田就是仙"、"一人一亩土，到老不受苦"、"千买卖、万买卖，不如庄稼人搬土块"等不可胜数的农事谚语更是浓缩地反映了对土地的执著。在这样一种文化中，离乡背井从来就是一种悲惨、愁苦的处境，是专指荒年、战乱、充军、逃荒、讨饭等非常态的生活状况。

"乡"、"土"既是传统农民基本的生存保障，因而也是其割舍不开的心理情结。受生存伦理和乡土情结支配的广大农民在流出条件已基本具备的历史环境下依然选择了滞留于乡土，即黄宗智概括的"内卷化"（或译为过密化）的糊口农业的方式，[4]因而造成中国社会在数百年的时间中商品化和城市发展与糊口的小农经济并存的情形。即便是在中国较发达的长江三角洲地区，人口密集、交通便利、临近城市和有工商业传统，这些条件都未能改变长期以来小农农业的内卷化，农民在极为有限

---

[4]黄宗智，《长江三角洲小农家庭与乡村发展》，中华书局，1992年版。

的土地上精耕细作，他们自己称之为"描龙绣凤"，在农业生产的边际报酬递减中维持着糊口的水平，而没有做出流动的选择。

1949 年新政权建立时，这种状况并没有根本上的改变。全国范围的土改愈发唤起和强化了广大农民对土地的强烈情感。当时解放军部队官兵中受到批评的落后思想是："三十亩地一头牛，老婆孩子热炕头"，这说明即使已经成了吃官饭的"公家人"，还是眷恋着土地，安身立命于乡土仍是农民和农家子弟普遍的生活理想，"乡土情结"是一条始终未断的线。

从 50 年代初到改革开放前是农民流动比较特殊的一个时期。在长达近 30 年的时间中，左右农民流动的主要因素是制度性的安排。在经过建国初期的经济恢复后，国民经济发展第一个五年计划开始实施，这意味着对劳动力不断增长的需求。事实上，在 1953--1960 年期间，我国总人口中非农业人口所占的比例是逐年增加的，城乡人口的比重也有相应的变化。这些变化主要是由于国家经济建设的需要补充城镇职工队伍的农民流动。但这一招收农民进城就业的渠道并不是一直畅通的。50 年代中期以来，一方面是"社会主义改造"的完成，将原来私人工商业自由雇佣农民工和农民从事个体职业的路堵死；

另一方面是在农村用地域性"合作"组织把所有的农民都"组织起来",从而使其牢牢地被束缚于乡土。在大跃进失败和随后的三年困难时期,原已流动出来的近两千万农村籍职工又在国家的统一规定和安排下,被精简下放,回乡务农(正是这批受过城市工业化训练的下放工人,在60年代末乡村工业起步时成为村办企业的骨干力量)。60年代后随着人民公社制度和城乡分割的户籍身份制度的完善,农民流动的渠道被完全阻塞。除了考学、参军并提干、零星招工等微乎其微的机会以外,农民脱离乡土已全无可能。不难看出,这一特殊历史时期农民流动与否取决于制度性和政策性因素,无论招工进城还是精简下放都是政府行为,而不是农民自觉和自由的选择。出于行政手段的安排不会改变原有的文化观念,政府行为对农民选择行为的替代只能压抑农民自由流动的意识。

80年代末到90年代初日渐汹涌起来的"民工潮"是广大农民在长期以来的生存困境下对原有结构格局和规则的一种突破。他们选择了跨越行业、地域、城乡的流动,这与他们以前别无选择的过密化糊口农业同样是出于生存的内在驱动力。区别于"经济理性"的"生存理性",即寻求并维持生存而非追逐利润的最大化,依然是中国农民在现实中行动的首要策略和动力。[5]人多地少这一矛盾的不断加剧使农业生产的边际报酬低到一个无法忍受的程度；而制度性因素造成农业生产比较效益低下，农民认为种田实在不划算，这两方面是农民放弃农业另寻生计的主要原因。在土地制度、户籍身份制度、就业制度等业已改变或有所松动时，以增加收入为直接目的向非农行业的流动势在必行。显然，就目前我国农村人口大规模流动来说，经济与体制的结构性因素起着的决定性作用。

农民寻求生存的冲动固然可以说是基本的和最直接的流出动机，但还存在着与寻求生存冲动密切相关却并非相同的另一种冲动，这就是**改换生存方式的冲动**，亦即要求摆脱土地的束缚、改变农民身份乃至脱离农村社区的意愿。这种愿望在青年农民身上表现得尤为强烈。如果说寻求生存的冲动主要着眼于经济收入，那么改变生存方式的冲动则更具社会与文化的意义，它意味着农民特别是青年农民对世代相传的乡土观念一种背弃。与物质生活和制度背景的变化相伴随，农民特别是青年农民的观念意识也发生了剧变。正如黄宗智所说，"在农民的单位工作日收入节节上升的时候，也正是他们日益感

---

[5]黄平，"当代农民寻求非农活动之根源初探"，《二十一世纪》1996年12月号。

到自己处于社会最底层的时候"。[6]九十年代以来我国农民大规模的流动,除了基于詹姆斯·斯科特提出的"生存伦理"那样一种生存驱动力以外,同样非常重要并且深具文化意义的是农民要求改变生活方式和社会文化身份的动力。如果说要多挣钱、要提高生活水平是一种生存的冲动,那么后者则是改换生存方式的冲动,是基于并且相对于经济动力的一种文化的动力,它同样是推动促进流动的基本动因;这一动力与非农活动本身是一种相辅相成、互为因果的关系,可以说正是流动强化了这一文化动力,而此文化动力又是造成更大规模流动和持续流动的原因。广大农民特别是青年农民对土地的态度的改变、对农民身份的社会、文化定位、他们的消费方式的变化都是造成这种文化冲动的因素。

在相同的制度环境和社会变迁背景下,作为千千万万普通农村中的一个,龙村的个案可以作为上述生存冲动的例证。

龙村地处江淮平原中部的丘陵地带,属于该地区地势坡度小、土壤肥沃、农业条件较好的区域。龙村距县城仅9.5公里,距所属乡镇8公里;南到巢湖约30公里;交通十分便利,省道经过村庄,每日有多种客货车辆往

---

[6] 同注4,第323页。

返于市、县城和其他乡镇；此外，由于该村在上海办有企业，村里每三日有大客车（私人运输）往返上海市一次。

当地种植的主要作物有水稻、小麦、油菜、棉花，还有少量的花生、豆类等。

全村总耕地面积为 1860 亩；其中水田占 1100 亩，其余是旱地；主要耕作形式是一年一季水稻，一季越冬油菜或小麦；正常气候年景时，耕地主要靠降雨和周围水塘积水浇灌；干旱时主要依靠从巢湖到该村的三级提水工程，但此提水灌溉方式费用较高，每亩地约需 58元，许多村民感到负担过重。农业机械自分田到户后基本不再使用，现在各家各户全部使用牛耕。农业技术的作用主要体现在良种和化肥上，由于水稻杂交良种的运用，目前耕作一季水稻与包产到户前种植双季稻产量相近；正常年景水稻亩产可达 1000 斤；油菜种植也采用杂交良种，正常亩产为 300 斤左右。

全村自 1981 年实行联产承包责任制后，全部土地由农户个体经营，不存在集体经营、联户经营或种田专业户经营种植业的情况。

全村总人口为 2250 人，其中男性为 1187 人，女性为 1063 人；整个行政村划分为 15 个村民组，由原来的

8 个自然村构成；共有农户家庭 467 户，户均人口 4.817
人。全村共有劳动力 1327 个，其中男性劳动力 691 个，
女性劳动力 636 个。到调查时为止，全村共有 511 个劳
动力流出在外从事机械修理、交通运输、建筑、废品收
购及理发、餐饮、缝纫等各种服务性行业；外出劳动力
占劳动力总数的 38.5%；外出男性劳动力占男性劳动力
总数的 56.8%；外出女性劳动力占女性劳动力总数的
18.5%。

我们在龙村专门就劳动力流出问题进行了调查，对
35 户农民家庭做了比较深入的入户访谈。从而对该地农
民流动的基本情况和流动的特点、原因、后果有了一些
了解。

"种地不挣钱，外出拾荒（拣破烂）也比种地强"

关于农村劳动力流动的原因，我们在调查之前有过
不同的设想推测。但龙村农户的回答却十分简单，在他
们看来，"为什么要外出寻找生计"几乎不成为一个问题。
我们问到的每个有劳力外出的家庭几乎都把增加收入作
为流动的主要原因。从经济角度着眼，制度性原因和地
域环境造成的土地的成本与收益比例使农民感觉种地利
益最小，因而寻求其他生计方式是农民很自然的选择。

龙村人均占有耕地面积 0.82 亩,劳动力人均占有耕地面积为 1.4 亩, 虽然可以计为地少人稠地区, 但与苏南许多地方人均耕地不到五分相比, 人口与土地之间的张力不是很大;况且劳动力大量流出后出现近 100 亩地抛荒的事实, 更可说明流出不应简单地归因为劳动力剩余。

大量的农业劳动力外流,流向城市,流向其他行业, 主要原因是农业的产出和收益太低, 用村民自己的话说就是"种田不挣钱","种田最不划算","在城里拾荒(垃圾)也比在农村种地强"。目前对农产品的统购政策和近年来农用物资价格的不断上涨, 造成农业产品的不等价交换, 农民越来越觉得种地吃亏。在走访的一个农户家庭中, 较年长的户主和原乡农机站的老站长掰着手指为我们算了一笔帐, 龙村一亩地的投入和产出情况及附加于地亩的税费、统筹和提留:

一亩地在正常情况下可产水稻 1000 斤, 麦子 300 斤, 收入约 800 元;

一亩地需投入:种子 24 元, 化肥、农药共约 200 元, 水费 58 元;农业税 18 元;

按田亩计算的统筹提留:道路建设费 10 元;办学集资 10 元;治理店埠河集资 5 元;治理巢湖集资 3 元;县

师范教育集资 3 元；计划生育、民兵训练、补助军属 2
元；此外，当年农户还被要求每百斤征购任务中交纳捐
粮 20 斤支援省内的受灾地区。（这个村的公积金、公益
金已全部由村集体补贴了，否则提留费用还要高。）

以上土地投入和税费提留共计 333 元；这样一亩地
收入还不到 500 元。除去农户自己消费掉的口粮，农民
能拿到的纯现金收入不过几十元。

根据对被访谈的 35 户村民家庭农业收入在家庭总
收入中所占比例的统计，来自土地的收入似乎并不十分
低，但这里的农业收入是根据耕地面积、亩产和粮食收
购价格推算出的收入，包含农户自己消费的口粮在内。
如果按照农民自己的说法就是没有收入，因为农民通常
不把自家消费掉的口粮计为收入，正如他们通常不把人
力的投入计为成本一样。

除制度性原因外，自然条件也是种植业投入高的原
因之一。龙村的耕地位于丘陵地带，虽起伏不大，但实
行机械耕种和土地规模经营仍很困难；浇水主要还是靠
天吃饭，干旱的年度周围的塘坝干得见底，需经三级提
水站从巢湖提水灌溉，仅水费一项每亩地就需 58 元甚至
更多。这样无疑增加了种植业的成本。

对流出动机的调查统计表明，在 35 户中所涉及的

70 个流出者中，以增加收入为目的的有 53 人，占总数的 75.71%。流出动机的分布可详见下表：

表 1：流出动机

	增加收入	离开农村	增长见识	其他	未回答	合计
人数	53	5	1	2	9	70
%	75.71	7.14	1.43	2.86	12.86	100
有效%	86.89	8.2	1.64	3.27		100

由上述分析可见，农民选择外出谋生显然是利益驱使。既然同样投入劳动力，当然要投向比较有利可图的行业领域，所以农民的流出是在劳动力市场逐步开放、城乡壁垒渐趋松散条件下的一种市场行为。

"在农村生活不习惯"

离开土地和农村的农民有机会接触和了解非农产业和城镇生活的景象，进而对工（商）农、城乡生活产生比较。与提高经济收入的动机紧密关联，村民特别是其中的青年人向往城市生活亦是促成流出的重要的社会和文化原因。在这一方面，走出农村和对城市生活的向往可以说是互为因果的。

增加经济收入虽然是流出者和他们的家庭首先关注

的目标，但问题并不仅限于此。流出者事先并不能确定在外工作的收入。事实上，部分流出者的收入并不高于在家从事种植业的收入；还有部分流出人员在外蚀了本，赔进了从家带出去的钱，甚至几乎连回家的路费都没有了。推动农民流出的因素还有改变生存状态、生活方式的社会与文化的要求。可从以下具体方面来看：

1. 对土地态度的改变：

土地曾是中国农民安身立命之根本，他们素来以对土地的深厚感情而著称。在这样一种执著于土地的文化中，离乡背井从来是人们一种不得已的选择，是发生于荒年、战乱等非常时期的非常态的生活状况。而现在这一切已发生了变化，由于从事种植业的低收入，也由于长期以来城乡分割的制度性安排，种地不仅仅意味着收入低下、生活贫困，还意味着低下的社会身份和文化位置。在因人口增加和开发占地造成土地日益减少而珍贵的同时，农民对土地的态度和感情却发生着逆向的变化。二十多年被牢牢捆绑在土地上的经历是发生这种转变的原因之一，或者说正是这种经历生长并积累着对土地的厌烦。当土地只能满足甚或不能满足糊口的需要并且变成一种人身束缚时，没有人会对成为自身枷锁的东西心生爱恋。家庭联产承包责任制的实施虽然使农户再度成为土地经营的主人，但并未改变农业生产比较收益低下的现实。分得土地而生的欢欣喜悦并没能够持续多长时间，农民在出人意料的短时间内即开始厌弃他们原先十分热爱的土地。流动的渠道打开、与城市的联系沟通后，鄙视种植业、厌弃土地成为相当一部分村民的心理倾向。对 35 户村民种田务农态度的调查结果如下表所示：

表 2：对种田务农的态度

	很不愿意	不大愿意	比较愿意	无所谓	不详	合计
人数	3	11	15	4	2	35
%	8.57	31.43	42.85	11.43	5.71	100
有效%	9.09	33.33	45.45	12.12		100

此处需要说明的是，虽然比较愿意种田的农民仍占有相当比例，但他们中一些人选择种植业是出于生计的考虑，即在没有其他更好的维持生计方式可供选择的情况下只能种田为生，这与其说是选择，不如说是无奈。

2. 对流出与进城的态度：

农村生活与城市生活的比较不仅发生在收入水平、生活质量方面，也发生在生活方式上。对 35 个农户的访谈表明，多数家庭对农村劳动力流向城镇持肯定态度，并向往进城生活。

表 3：对流出农村和进城的态度

	肯定	否定	无所谓	未详	合计
对流出的态度	28	3	4		35
%	80.00	8.57	11.42		100
对进城的态度	15	8	4	8	35
%	42.86	22.85	11.43	22.85	100

在龙村，举家外出的有 15 户；在上海、南京、芜湖、合肥等城市和县城买房盖房的有 25 户。这 40 户家庭都购买了城镇户口。此外还有一些仍居住在村里的家庭为部分家庭成员花高价购买了城镇户口。购买城镇户口的家庭一般是为孩子买，为的是孩子能够在城里上学，进而具有城市人的身份。这些村民明确地表示再也不愿意自己的后代继续是农村人了。

需要指出的是，一些表达态度者虽然对购买城镇户口和进城生活并未表示肯定态度，但在访谈中却暗示出其否定的原因是对有关政策存有疑虑、对能否在城市立足没有把握或经济条件不具备，其潜台词仍然是向往城市生活。用一些村民的话说就是：如果有条件，谁不愿意做城里人？

在入户访谈过程中我们经常可以观察到，30 岁以下的青年人在服饰、发型、举止、言谈及所用消费品和文化消费等生活方式的方方面面，与生活在城市的青年人没有根本的差异，而与中年以上他们的父辈却大为不同。他们非常有意识地认同城市文化，甚至刻意与生长于斯的乡村生活拉开距离。龙村一位青年人的经历和想法提供了一个有代表性的例证：这位年龄才 22 岁的青年已有丰富的外出经历，他曾远行至俄罗斯，而且在流动过程中倍受磨难，在东北某市曾与人打架，腿上被刺过一刀，胳膊上还中过两枪。尽管如此他还是觉得在外面（城市）自由，有娱乐生活；而他对"为什么要出去"的回答则是"在农村生活觉得不习惯"。

3. 传媒/信息的作用

传媒及业已在外工作的同村人带来的信息和示范作用向未流出者展示了外部世界的魅力。

龙村的电视机普及率近 100%，村民可以很快了解外部世界的各种消息，电视节目中的文化娱乐内容展示的亦多为城市生活景象。对 35 户的调查表明，村民看电视时间每日在一到二小时以上的占 83.11%，很少看电视的多是一些家务劳动繁忙的家庭主妇。

已经在外工作的人员与其家庭和村落有着比较密切

的联系，他们带回的信息和他们本身的行为方式都对未流出者尤其是同龄人有重要影响。大多青年人——无论是已流出的还是尚未流出的，甚至是还在就学的——及他们的家人，都表达了"有本事应到外面去工作，在家种地最没出息"的看法。对未流出的一些中年人和青年人的访谈表明，他们不出去的原因不外以下几种：文化程度太低，难以在城市谋生；孩子太小走不开；身体有疾病，不适合外出；而女青年不出去工作则主要是她们的父母或本人认为外面太乱，女孩子出去不安全的缘故。可以说，凡具备了流出的基本条件——年龄、性别、文化程度适当，身体健康的人，都是潜在的流出者。

编织社会关系网，异地办厂，成功实现流动

与中国其他广大农村地区相类似，50年代中期以后由于城乡分隔、区域分隔的制度性安排，龙村处于劳动力流动基本被抑制的状态。人员流出的主要途径只有参军、考学两种方式。

到60年代末，当时龙村所属的公社在一个从南京下放的机修工人的建议和参与下办起了一个修理手拉葫芦（手动起重设备）的小厂，吸纳了该村的数十名劳动力。该厂最多曾有过三、四十个工人，业务也发展到能够修

理电动葫芦。但是到 70 年代初便难以为继，工资发不出来，那个南京下放的工人也走掉了，工厂于 73 年停办。尽管如此，这个厂还是给龙村留下了一小批了解机修技术和经营业务的人员。从那时起，他们就开始走出村庄在邻近乡村和省内活动，成为最早的一批脱离了农业生产的流动者。

真正开始规模较大的劳动力流出是在改革开放后的 1984 年前后。文化大革命期间，曾有四、五十名上海知青到龙村插队，他们后来陆续回沪，但村里人仍与他们保持了良好的关系，这对于龙村人口外出工作起了重要作用。例如，村民杨××与上海知青关系很好，本人也懂一些机修业务，于是就通过知青的关系到上海找寻需要修理机械的客户，然后同样利用关系安排适当的修理人员，从事中介人的职能。最初在上海从事机修行业的流出者，就是通过对这种关系资源的利用站住脚的。

1986 年，村里通过杨的关系到上海，由村党支部书记和会计代表龙村与上海郊区的上海县某村签订了正式协议，租用该村场地修建厂房，并沟通与当地工商、税务部门的关系，办起了第一个位于上海的村办企业"上海沪城机械修理部"。当时龙村在该厂投资 8 万元，流动资金 20 万元；这些资金来源于 70 年代创办的油料加工厂、磷肥厂等村集体企业的积累。这个厂第二年便开始盈利，到目前为止工厂占地已由原来的二亩多增加到五亩多，盖了厂房、工人宿舍；每年投入 7-8 万元扩建工厂；现已有固定资产 100 多万元。1992 年更名为"上海兴达机械修理厂"。

1988 年，龙村根据在上海经营的状况，决定再建一个汽车修理厂。他们先后派出三个现任和前任村干部，到上海闵杭区某村承包了一个倒闭的汽车修理企业，将其建成龙村在上海的第二家企业。该厂被命名为"上海沪龙汽车修理厂"。

1992 年，龙村又由村委会主任、村支部副书记带队，前往上海建立"宏图劳动服务公司"，主要是从事建筑行业的劳务输出。这个公司后因效益不太好，于 1994 年承包给个人经营了。

立足上海办企业的成功是龙村劳动力定向有序流出的契机。如前所述，两个村办上海企业的成功使上海成为该村劳动力的主要流向地，也使机修行业及与机修有关的行业成为流出者重要的职业选择。在乡镇企业不发达、以种植业为主要产业的广大农村地区，劳动力的外流是较为普遍的现象，但是像龙村这样相对有地域和职业目标的流出却是比较特殊的。在这一较为稳定的流出

过程中,村办上海企业无疑是促成流出的一个重要契机。其成功的背景和内在原因主要在于:

1.**上海有较大的机修、汽修市场**,每年要修汽车约25万辆。这一市场的存在是村办机修企业得以立足的大背景和基本条件。在改革开放前的计划经济体制下,大都市的产业结构有一定缺陷,机械修理业不完善,不能满足城市的需求;改革开放后体制的松动给原来活动于乡村的小型修理业进入并服务于大城市造成了一定的空间和机会。

2.**龙村所在乡镇历史上集市贸易发达,有较浓厚的商业气氛**。每逢农历的三、五、八、十日都有集,吸引了周围十数里的农民;龙村集起始于何时连村里的老人也说不清楚。此外龙村的传统小手工业、加工业、服务业也较为发达,人们熟知的"四坊"即粉坊、米坊(磨坊)、油坊、豆腐坊和理发、缝纫、屠宰等行业有很多家从事而且有很长的历史。虽然这些传统行业和集市贸易经历了人民公社、文化大革命时期的限制、剿灭,但始终没有断绝,体制和政策稍有松动便活跃起来。这一文化小传统使龙村人经营意识浓厚,思路灵活,眼界也比较开阔。早在70年代他们的小机修厂就能在体制的夹缝中求得生存,便是其善于经营的例证。

3.对社会资源的有效利用和经营关系网的建立是
龙村企业立足上海的重要途径。如前所述，该村机修业
的起步借助了城市下放工人的技术力量；村里人进入上
海寻找修理业务，并逐步建立、发展了自己的企业，则
是有效地利用了在该村插队的上海知青的关系。直到目
前，在上海从事机修、汽修行业的人员中，作为修理客
户和修理者之间中介人地位的业务员居多，真正的机修
工较少，技术上仍主要借助于上海退休工人的力量。这
批业务员业务范围广、经营灵活，据称人人都有联络图，
即客户关系网。村集体对他们的管理、分配也很灵活，
从接洽业务到设备修好出厂，费用由业务员承包。厂方
提取一定比例（13-15％）的销售收入，用于税收、场租
费、管理人员工资、上交利润和管理费，余下为厂方盈
利；业务员拿大约85％，用于购置配件、支付修理人员
工资、业务往来费用，余下为业务员收入。业务量大，
收入就大，因而业务员很有经营热情，业务量比较充足，
村集体和个人之间亦保持了良好的互动关系。

依靠个人的、家庭的、宗族的和社区的非正式关系，
龙村比较顺利地实现了部分劳动力的流出。对社会资源
的充分利用使流出的过程相对平稳而较少盲目性，这也
是最具中国文化特点的人际关系作用的表现。

　　已经在外工作的人员不仅影响了潜在流出者的流出意向，也成为重要的流出途径，从 35 户中流出者流出方式的调查可以看到，以亲戚、朋友、熟人、同村人为连带关系导致的流动占有很大比例：

表 4：流出方式

	顶替	自我	亲戚介绍	朋友介绍	村里安排	其他	不详	合计
人数	1	14	41	3	4	1	6	70
%	1.42	20	58.57	4.29	5.71	1.42	8.57	100
有效%	1.56	21.87	64.06	4.69	6.25	1.56		100

　　以增加收入为主要目标的劳动力外流，确实带来了农户收入水平的提高和收入结构的改变。据 35 户访谈中有效的收入数字，农业收入在农户家庭总收入中所占平均比例是 29.6%。据村干部估计的全村平均数字，农户家庭农业收入与非农业收入的比例是二八开。尽管龙村地处农业大省和重要产粮区，其来自种植业的收入也已经不是主要的收入来源了。

　　农户在粮食、蔬菜自给自足的条件下，如果手中有了钱，首先考虑的就是房子，盖房子成为农户置办不动产的首要方式。龙村农户住房变化的总体趋势是，60 年代和 70 年代以瓦顶的"泥房"（即土坯房）为多；1984 年前后开始改建成砖瓦房；90 年代以后开始盖楼房和平房（即平顶房，日后可加盖成楼房）。龙村质量较好、造价较高的住房全部是建造于 80 年代尤其是 80 年代中期以后的，这与劳动力大量流出的时间是一致的。

外出工作带来整体性家庭收入水平的提高，是否有家庭成员外出工作，他们在外面是否成功及他们所从事的职业种类，是造成家庭富裕程度和生活质量差异的重要因素。据村干部提供的情况和对 35 户的访谈观察，有家人在上海和其他城市从事机修业务员工作的家庭位于收入较高的层次；在本地从事小加工、小商业、运输、屠宰和一些服务性行业而经营较好的家庭位于中等收入层次；而以种田为主的家庭和部分虽有人员外出但从事拾荒、打杂工等收入低下且不稳定职业的家庭，收入水平是最低的。

在外工作带给农户的经济收入主要用于生活消费，为后代娶亲成家做准备是首要大事；建造房屋是最重要的准备之一，还有购买耐用消费品和一定数量的储蓄，以备婚礼开销。

有村集体参与、鼓励和带领的劳动力外出就业不仅使个体农户的收入有较大增加，也强大了村集体的经济实力。村里每年可从上海的企业中获得十几万元的利润。这笔收入免去了原本要从各个农户提取的村干部工资，即免除了农户的提留中公积金和公益金两项；也使村里有能力投资兴建一些公共设施,如 91－92 年投资 6 万多元修建村内的石子路,1992-1993 年投资 1 万元修建涵闸及配套设施,1993 年投资 21 万元建乡中学教学楼、5 万元整修村办小学,1994 年又投资 20 万元建设连通省道和各自然村的柏油路。此外,部分因土地抛荒而空缺的粮食、油菜征购和困难户无法完成的上缴任务也是由村里出钱补贴的,这一项一年大约需补贴 6 千元左右。

留守农村的"386199 部队"

386199 部队系指妇女、孩子和老人(每年的 3 月 8 日、6 月 1 日和农历的 9 月 9 日分别是妇女节、儿童节和老人节)。龙村的青壮年劳动力外出工作,留在村里的和从事种植业的主力就成了妇女、老人和未成年的孩童。村民戏称为 386199 部队。

1. 龙村劳动力流出对农业生产最显著的影响就是近 100 亩抛荒地的出现。土地抛荒有以下几种具体情况:一种是全家迁出农村,在城市买了房子和户口,不可能再种承包地了,这样全家流出的有 15 户;另一种情况是家中主要劳动力外出工作或从事其他行业,仅靠家中的老、幼、妇劳力无法耕种全部承包地,因而部分土地(多是远地、旱地、差地)抛荒或季节性抛荒。

　　同时也有部分农户感到地亩数量超过其耕作能力而向村委会要求退掉部分或全部承包地。龙村存在土地抛荒的现象，但是龙村却不具备进行土地调整的条件。其主要原因是，第一，该村耕地条件不十分优越，土地高低起伏不平，水利灌溉条件差；第二，分田到户时，好地坏地按比例搭配，一家一户地块分割零散；这些成为土地连片、实行规模经营、机械耕种的大障碍。鉴于这种条件，龙村无法像一些村庄那样，将部分农户不愿再种的土地集中起来，包给种田大户或外地人去种。土地在村民之间私下的少量调整是存在的，但仅限于小部分土壤好、浇水方便、距离近的地块，包种他人土地意味着承包其上交任务和种种提留、集资，对于并非旱涝保收的土地来说这是有相当风险的。根据上述情况和前面提及的来自于"种田不挣钱"的厌农情绪，村级组织只能对土地采取维持原状的政策，即符合上级精神的"五十年不变"、"生不添，死不退"的做法。一些村干部道出了实情："现在不敢提调整土地的事，一说动地，大家纷纷来退承包田，你让我们怎么办？上交任务找谁要去？"

　　2. 一些农户虽然没有撂荒不种的情况，但对土地投

入的劳动量却减少了。大多有劳动力外出工作的家庭，种地的主要承担者是妇女和一些尚有部分劳动能力的老人，一些过去主要由男性承担或共同承担的比较繁重的农业劳作，如犁地、插秧、收割、挑担等，现在许多是由妇女独自完成的。只有部分外出的男性劳动力在农忙时节返回家乡，帮助完成一些较繁重的田间劳动。值得注意的是，在访谈中，许多被访者已十分自然地将种地归入家务劳动的范围，由此可见，务农在生产性活动中所占比重已经很轻了。

表 5：35 户中不同性别劳动力承担农业劳作的状况

	不会种	不种	很少种	主要种	全部种	合计
男性	2	41	24	8	1	76
女性	2	33	3	25	7	70

3. 就全村的农业发展而言，**农业投入**实际只限于维持每一年度的产出，除化肥、农药的使用外，唯一的农业科技利用只有水稻和油菜的良种。体现农业现化水准的机械化、水利化实际处于萎缩、退化状态，使龙村受益的巢湖提水工程，60 年代就已达到现有的水平，在大旱的 1994 年，龙村仍有相当多的耕地浇不上水和浇不够水；而在大队、生产队时期购置的农业机械分田到户后就不再使用，现在全部农业劳作都是一家一户地使用人

力和部分畜力——人扛肩挑和牛耕。从较大一点范围看，龙村所属的乡镇也是同样状况，据镇领导的介绍，水利设施在 60 年代发展较好，80 年代以后就走了下坡路。

在龙村我们看到一个令人思索的悖论：一方面，由于人多地少这一矛盾不断加剧，农业内卷化的出现致使农业生产的边际报酬低到一个无法忍受的程度，制度性因素造成的农业生产比较效益低下使农民认为种田实在划不来，这是导致农民大规模流动的主要原因；而另一方面，在大批精壮劳动力离开土地、离开农村后，又因劳动力不足而致使土地撂荒和农业生产主要靠妇女、老人维持的状态。此处需要强调的是，龙村目前的农业生产状况虽然与劳动力流出相关，但不应把农业的维持状态直接归因于村民外出工作。正如我们在分析流出原因时所指出的，土地的低收益和村民迫切要求改变生存状态、生存方式的动机是劳动力流出的推动力，因而也是当前农业不景气的内在原因。像过去那样依靠城乡分隔的制度性安排将农民束缚于土地，仅仅维持其糊口的生活水准已经是不可能的了。

不愿也不会种地的农村新一代

外出工作和外出者对乡村生活的影响是多方面的，

除了前面述及的经济的、社会的，也有文化的、生活方式上的影响，而后者的影响虽然是潜在的，却是更为久远和深刻的。

流出者与家乡保持着比较密切的联系，是影响发生的必要条件。在龙村，除了少数全家迁出村的家庭外，大多家庭的外出者都与家人、乡亲有经常性的联系。联系的主要方式有定期返回（春耕、秋收和重要节日）、通信、电话联络和托乡亲带钱物等。多数外出者回家探亲都会给家人购买家用电器等耐用消费品以及一些食品、烟酒、衣服、鞋帽和其他生活用品，这些来自城市的消费品很快便成为村里人特别是青年人喜爱和追求的东西。

流出者与家庭联系的另一种方式是家人前往其工作地小住。许多现有或曾有家庭成员外出工作的家庭，其家人都去过外出者的工作地如上海探望或旅游。

前面提到龙村每三日有大轿车直接往返上海一次，这也是为流出者及其家人往来方便而设的。可以想见，这一长途交通连接的两端是一个村庄和大上海，它不仅仅方便了村民与城市在空间上的联系，也缩短了文化象征上的距离。

传媒和流出者与外面世界发生的联系、信息交换潜移默化地改变着村里人尤其是青年人的生活方式、文化观念，这种改变表现为代际之间在生存方式的选择、婚姻和消费取向等方面的差异。

如前所述，祖祖辈辈相沿的在土地上劳作谋生已经不再是当今青年人选择的生存方式，80 年代中期以后从学校毕业的年轻人很少有专门从事种植业的经历，其中许多人已根本不会做田里的活了。他们的父母和他们自己对未来的设计都是到土地以外寻求生计和发展，而他们这种生存方式的选择决定了劳动力持续流出的趋势。

表 6：35 户家庭成员是否种地、是否会种地与年龄段的关系

年龄组	不会种	不种	很少种	主要种	全种
13-17 岁	3	3	1	1	
18-25 岁		37	9	1	
26-35 岁	1	12	3	5	
36-45 岁		4	2	7	4
46-60 岁		9	12	14	4
61-70 岁		2		4	
71 岁以上		5			

对婚姻家庭的看法在不同代之间也存在差异。外出工作使人们的活动空间、交往范围都大大地扩展了，已有部分青年人不再遵循"父母之命，媒妁之言"的传统，

在外面或工作地自寻配偶。对青年人的择偶行为，父母们有不同的态度：一种是比较开明的态度，赞同或允许子女自己决定在什么地方、选择什么人作为婚姻对象；另一种是表示无奈，即虽然不赞同子女在外找对象，但也无甚良策去制止，只能由他去了；还有一类父母坚持由自己做主、在家乡给孩子安排婚姻大事，认为在外工作未必是长久之计，还是在家乡找对象稳妥。

　　已经在外工作和尚未外出工作的青年人在言语、举止、穿着和文化消费上表现出与他们父辈的更明显的差别。例如在上海工作的青年人，大多都能听、说上海话，这也是他们在城市立足的技能之一，只是他们回到家时仍然讲家乡话，为的是与家人保持密切的感情交流。在访谈中，许多父母都提到，他们的孩子从外面回来后，衣着、发型都变了，"穿西装、打领带，头发上喷发胶、摩丝，梳得亮光光的"，"像城里人了"；而许多尚未流出的青年人在穿着打扮上也是如此；在他们居住的房间内，通常挂有港台和西方影星歌星的招贴画，与他们的父母在堂屋中常挂的松鹤图、长寿图大异其趣。在电视节目的选择上，青年人也与上辈人话不投机，老人多喜欢看京剧或地方戏，青年人多喜爱外国影片或港台的电视连续剧，欣赏趣味频为不同。

综上所述，劳动力流出对龙村经济、社会、文化方面的影响是显著和深刻的。这一流动带来农户家庭收入水平的提高和村集体经济实力的增加，也显示出农业生产及其农业现代化发展的一些困境。而受劳动力流动影响最大的恐怕还是人。生活方式及文化观念的改变致使流出趋势进一步加强，外出工作成为非常实际的同时又是具有象征意义的生存选择，新成熟的劳动力很难再继续补充到以土地为生产资料的农业中，这使农业生产的危机进一步加剧。

对当代农民社会流动的微观研究使我们得以了解文化观念在农民行为过程中发生的作用，及其作为意义结构自身又是如何被行动者的行动不断改变和建构的。农民从执著于土地到放弃土地，从习惯于没有陌生人的群体生活到渴望走出乡村进入五光十色的外面世界，尤其是青年一代农民对乡土生活方式全面背离，都显示着一种现代社会急剧变迁时特有的文化断裂现象。这一变异可以理解为现代文化的全球化过程的一个部分，或者说是现代性全面扩展的社会现象。吉登斯在分析现代性的特征时曾指出：现代性的出现并非像许多社会理论所解释的那样，是历史随着某一既定的发展线索内部自身演

进的结果，相反，非延续性或者说断裂是现代性的基本
特征。[7]信息社会的时空延伸，所有人共享着一种世界性
的、以技术手段传播的文化，农民当然也不例外，这不
仅使空间（地域的、城乡的）隔离被打破，而且使文化
传递的方式发生根本改变。青年一代不再复制上一代的
观念，他们所面临的一切问题也不再有现成的答案。正
如人类学家米德所称，年轻人正在老一代眼皮底下变成
陌生人，这种代与代之间的断裂是全新的：它是全球性
的、带有普遍性的。[8]

从文化角度探讨当前我国农民的流动也有助于我们
理解一个社会中的结构、制度、行动者及其活动以及文
化意义诸层面的关系。它们之间实际上是一个相互建构、
相互制约的过程。而结构、行动和意义相互作用产生的
结果往往是出人意料的。如前所述，以挣钱谋生为目的
的农民可曾想到他们的儿子会"穿洋服、打领带、头发
油光光地"打工归来？一辈子种田的人可会想到他们的
女儿与土地的联系仅限于穿着高跟鞋到田里"视察"一
下？而外出打工者事先又怎能想到他会"不习惯"生于

[7]Giddens, Anthony, 1990, *The Consequences of Modernity*, Cambridge: Polity Press.
[8]玛格丽特.米德，《代沟》，曾胡译，光明日报出版社，1988 年版，第 43-66 页，。

斯长于斯的农村生活？费孝通曾经把农村社会的停滞或发展缓慢归结为不流动而产生的"土气"，"从土里长出过光荣的历史，自然也会受到土的束缚，现在很有些飞不上天的样子"[9]。那么摆脱了土的束缚，是否就能腾飞了？如果走掉的是农村人口中的精华部分，而留下来务农的则是在年龄、教育、性别等方面都处于劣势的人，那么，农业的现代化和高效益，农村经济/社会的可持续发展，以及农村家庭和社区的稳定与繁荣，就都会面临危机与困境。事实上这种困境已经在所难免，而新问题和挑战还层出不穷。我们同样面临着一个无法完全把握、没有现成答案的世界，我们所能做的只是尽量贴近地去观察和理解它，去读懂它真实的意义。

---

[9]同注3，第2页。

12. 辘轳把村"拔钉子"目击记
（那个还有农业税和"三提五统"的年代不应被忘记）

时间：1996 年 7 月 8 日下午

目击者：孙立平、郭于华

观察及事后录音整理：郭于华

目击之一：确定钉子户（地点：村党支部书记家）

我们于下午三时许与李镇、小王、小温（司机）等到达辘轳把村书记老李家，屋里已有镇村干部几人等待，几分钟后韩书记带若干人到达，其中有几个身着警服的巡警，在院内等候。

我们到达时，村干部和先期到达的镇干部已经在讨论钉子户确定的问题。我们到达之后，有人提出：对困难户是否需要照顾？在村干部中有不同意见，有人提出，什么样的属于困难户，标准不容易定；而且，定出困难户之后，必然要把该户本应承担的任务分摊到其他户那里。这时，有人问在场的李镇长，是否要定一些困难户。镇长回答说："各村和各村的情况不一样，比如大高村就照顾困难户、残疾人，他们的任务由其他人承担。封树庄就一概没有，该怎么着就怎么着，这就看你们怎么着了，你要能做下工作，这几户有困难别人承担了，你就给他们担起来。"韩书记说："反正任务是有数的，镇里是不能给减任务的。"李主任对包片干部说，你们明白了吧。有村包片（组）干部说："你明白了就行了。"李主任说："光我明白不行，我没法解释"。

　　*（接着又讨论照顾户的问题）。*李主任说："你要说定照顾户，什么样的照顾，什么样的不照顾，得有点说道的，老弱病残的"，*（这时李镇插话）：*"你照顾的如果大家都说应该照顾，没有一个人说这不合适的，这就是原则。如果出了三户说，他不交我就不交，因为他绝对有能力交，而你让他可以不交，这不是很简单吗？你比如说大高村那家，他就是一个人，别的什么也没有，他还有残疾，他这个队没有一个人反对。像北流庄那家，说他不交我就不交，他有。"*（整个过程中，李主任一直眉头紧锁）。*

　　韩书记：赶紧说这个事吧，各片定下"我就是不交"的那种户，数量也不要太多。*（这时大家讨论的结果，是每个片定两户）*

　　李主任：那各片就说，也不用各片带着去呀？

　　韩书记：各片不用带着。找到一户就都找到了。

　　李主任：各片都得说，各片要不说，李镇长一走，你就得负起责任。

韩书记：这个事就是扫尾。你把本给人家，你不能再往里加钱。按本的数，就得困难户什么户都算上才能够。全有本，你就拿本收去就是了。昨天，我跟李镇长说了三个条件，你给我按这个条件，拿出 8 到 10 家来：第一个，去年不清的；第二个，有能力交今年不交的；第三个，在村里人性太次的。

李镇长：可不要把那些老实窝囊的报上来，拔这样的户，折我们镇政府的手艺。

李主任：要我说，困难户就是一户没有，要不照顾谁不照顾谁。*（最后没有定出困难户）*。找张纸，拉单子吧。

韩书记：就是拔钉子，这个任务在 10 号之前得把它完成了。钉子户有吧？

一个包片干部：你叫他有就有，你叫他没有就没有。那咱这么说吧，钉子户一户没有，你镇政府就回头得了。

李镇长：你先什么也别说，先闹出 14 户，抄完这 14 户今晚就走了。一个组两户，今天抄完我们就走。拉的这个，最好是去年就没交的。

韩书记：就他妈的就老账新账一块儿算。

（于是开始写各片的钉子户名单，由李主任执笔，各片干部报出姓名，经过很长时间的商量，一个片一个

片地报名，定名单，最后确定了一个15户的名单。【其间有人提出一户盖了"小白楼"，去年和今年共欠897元。这时大家非常兴奋，都说这应该拔，这应该拔】这个定名单的过程其实非常艰难，花了很长时间，在座的人们一声不响地抽烟，满屋烟雾弥漫几乎让人睁不开眼。然后，由李主任带领全体镇干部，去抄钉子户，村里的干部，除李主任外，都没有参加这个过程）。

目击之二：路遇钉子户

辘轳把是一个较大的村子。我们跟随村镇干部由南往北走，在主路上见一辆小轿车由北向南开来。与我们相遇时，司机同李主任说话（司机是一个30岁左右的小伙子，穿着不像一般农民，脖子上带着一条很粗的金链子）。

李主任说，"他就是一个"（拿出单子核对了一下，确认是他的父亲被定为钉子户，共欠490元左右）。问："某某是你父亲吧？"有人插话："共欠496元，交吧"。

司机："我这跟你们说句话，还逮着我了吧？我没带着（钱），赶明儿再给你们送过去吧。"

韩书记："别走，别走！"

司机："我没带多少钱，我正有事去呢。我这跟你说句话倒说出毛病来了。我要是不理你们，我就走了。"

某人："交吧交吧！"

韩书记："这领着这么些人出来了，你要今天不交，明天加罚 20%。"

司机："我也没带着这么些钱，我还有事呢。"

韩书记："各人都有事。"

（这时，一前一后，来了一辆汽车和一辆拖拉机，交通受阻，司机于是把车挪到路边。在他挪车的时候，有人以为他是要跑，就说：别让他走，别让他走，把车扣下。）

李书记："他开着车，他还不交公粮。"

（最后，小伙子拿出 5 张 100 元的，交给李主任。也没有找零钱。第一个"钉子户"拔除成功）

目击之三：搬电视机

在收了司机小伙子的 500 元后，我们继续往北走，来到一户人家。这家的房子是一座旧平房。当时只有女主人在家，女主人约 40 多岁，穿着也很一般。包村干部告诉她欠多少多少，问她有没有钱交。

女主人："现在也没钱呐。"

李镇："进去看看有什么东西没有。"（这时有两个人

进去看了一下，说有电视机。有人问：是黑白的还是彩电？答：是黑白的。说：搬走，黑白的也够了）

女主人："这是什么事呀？我刚说了一句，还没让我说第二句呐，就要搬电视机。就先弄走了，我还没说第二句话呢。我说找他（男主人）去。"

某人："那你也没说我先张罗张罗去，就说没有。"

女主人："我是说没有，我去找他去。"

某人问："他上哪去了。十分钟啊，快点！一会上李主任那搬电视去。去个人，把电视先搬到李主任那去。"

女主人："我一直也没少交过。"

韩书记："给他写个条，他叫什么。"有人答：何进才。

女主人："我都没说什么。"

某人："有钱交钱，没钱就搬电视机。"

某人："不要交，我们今天就不用来了。我们这帮人都有事。"

女主人："谁说你没事，没事做什么来了。"

李主任："你找钱去，你找钱去，我在这等着。259（元）。"

女主人："还你说什么就拿电视。"

李主任："别说了，快去找吧。"

司机小温："别说了，拿去，拿去。"

女主人："话还没说呢，电视就搬走了。"

韩书记："搬着走，搬着走。"

李主任："你老是说，你倒是拿去呀。"

（女主人一看拿电视机，都快哭了。然后，收钱者将电视机放到吉普车上。李主任和两个巡警在那里等着，女主人往东走去，找钱去……）

（收完第三户"小白楼"的钱后，两个巡警来汇合，李主任已不知去向。一个小个儿的巡警说："在我们走后，男主人回来了，一看搬了电视机，就抄起砖头来了。我掏出手铐子向他走过去，他就悄悄地把砖头放下了。"收没收到钱不知道。）

目击之四：发生在小白楼的争吵
（其实不是白楼是灰楼）

然后来到大家称之为"小白楼"的肖XX家。这是一个两层楼建筑，大门大窗户显得高大，院子也很大，院子里还有果树和菜地，不太像一般农家。男主人大约有50多岁。当时还有他儿子和两个年轻的女人在场，可能也是这家的成员。该户共 6 口人。

肖："我们年年都交,没落过。"（让他找票据以证明）

问："去年有票是吧,把今年的交了得了。"

肖："今年我交多少呀,我还没见到东西呢,我交多少呀。"

驻村干部："今年有数,417 元钱。交了钱,管他要本去,谁包你这片？"（该户有 6 口人,但只有 3 口人的地,按规定,没地的人不用交定购粮,但需要在夏收的时候将提留和统筹款一次交清）。

某人："你拿钱吧,多退少补。"

肖的儿子："你们干什么说我们去年没交？"

（期间,主人家的狗一直狂吠不已,表示愤怒。）

肖："去年三口人没有地,就不应该交公粮,还非得说我们没交。"

某人："这不是跟你核实呢吗。"

（这时众人吵成一片,分不清哪句话是谁说的）

有人喊道："别嚷了,别嚷了,交了就交了吧。"

李镇："应该交。"

肖："是应该交,但是……。"

（这时又吵成一片）

有人说："行了,行了,行了,行了。"

韩书记："快把今年的拿来,去去去。"

肖："大队这是给你制造矛盾，不制造矛盾怎么说我去年没交呢？"

（这时又吵成一片，完全听不清楚。肖把钱交了）

肖："打个手续吧（指开出收据）。去年我们交了为什么说我们没交？"

某人："去年交了不再管你们要就行了呗。"

（又吵成一片）

李镇："交了你不是有票吗，怕什么？"

（又吵成一片，此时一个较胖的女人也加入争吵）

肖的儿子："连个手续也没有，我交了钱我找谁去？"

某人："先给你写个收条，然后找村干部去换。"

女人："钱都交了，就别说别的了。得了得了，交完就得了。"

（又吵成一片……）

肖："交公粮是应该的，但你也得懂点礼貌啊。"

李镇："你说谁不懂礼貌，谁不懂礼貌？"

（此时肖与李镇面对面争吵，有如公鸡斗架，众人忙将二人拉开。）

目击之五：借二十元钱的女主人

离开小白楼后，往南走寻找下一户，因无人带领（此

时引路的李主任已不知何时离去）未能找到。众人如没
头苍蝇一般在盲目地行走，来到一个小卖店门前，路边
聚集了一些人。镇干部忙去打问某某某家在何处，都说
不知道（知道也不会告诉你们）。稍后，有一人指着一个
六、七岁的小男孩说"是不是他们家啊？"一镇干部问
小孩"你爸爸叫什么？"小孩说了一个名字，镇干部说
就是他们家，就对小孩说："你带我们去你家"。于是小
孩就颠颠儿地在前边带路去他家（估计这小孩今晚惨了）。
快到他家时，遇到小孩的母亲，她答应马上去借钱。

　　旁边一个院子的墙头上出现一个中年妇女，非常热
情而顽强地招呼干部们到她们家去坐，干部们说不去了，
她还是不停地招呼，于是有几个人就进了院子，刚进去
不久，我们还在外面就听见激烈的争吵声，于是大家都
进了院子。院里有二、三个中年妇女，还有几个男人正
在下棋。招呼人们进去坐的那个妇女开始大声疾呼："我
们每个人的地只有五分七！"

　　某人问："你有什么事？"

　　女人："我们不是不交，干部来了，一跟他说这个意
见他就没词了，拍屁股就走了，说告诉你'你要不交，
就上公社派出所'，你就一点辙没有了，就是交吧。"

　　某人："有事你就反映去。"

女人:"反映?他说'你反映也是白反映',我去了再给铐上?我大老粗,一个字不认得,我姓什么写上我都不认得,跟谁反映去啊?我们的地原来一直通到河底,水到哪儿我们的地到哪,现在都把地卖了,还叫我们拿那么多公粮。你说这五分七的地一年打多少吧?一人还交七八十块。这个意见该反映不该反映?大队干部来了,一说这个他糊撸屁股就走了,叫派出所铐你们,就这招。"

(以下听不清)

"这书包也卖不了,农民还指什么呀,这老天爷也不下雨,咱们要饭吃啊……这要是公社书记来了听了这些话也不能铐上就走吧。"

某人:"谁说要铐你了?"

女人:"他们呐。"(*指镇干部*)

李镇:"他们说了也不算啊,他们说收公粮算,说铐人不算。"

女人:"五分七地为什么拿那么多?我们该拿多少拿多少。"

另一女人:"现在是交的老交,不交的老不交。"

女人:"我说这些都是放屁呢,我们真老实,我们早就交了,我们老爷们偷着交的。我这是忒气得,不公了,都快把你气死了。"

　　某人："你们家交了是吧？"

　　女人："交了。回去我就跟他（丈夫）打架，你交的公粮你给我要回来！"

　　　（这时去借钱的妇女回来了，交后还差二十元，镇干部要推走她骑的山地车，她说这车不是她的，干部说不管是谁的，在你手里就算你的，女人说我再去借钱，干部说快点，你得多大功夫啊？女说：三分钟。说完就又走了。）

　　（招呼的妇女继续反映情况）

　　某人："你到公社反映去。"

　　女人："到公社反映，敢去吗？"

　　韩镇："你不敢去，就别在这嚷了。"

　　女人："我不嚷怎么着不嚷？"

　　另一女人："上公社去也不认得。"

　　女人："你们不是公社的？"

　　某人："我们是公社的。"

　　女人："你们得向上反映，这个五十亩，那个一百亩，都包出去了。都是有钱的，抽着大烟，天天下饭店，哪个社员敢下饭店去吃一顿？这他妈连喝粥都快没有了，天也不下雨，还抽大烟，大烟的盒你都看不见。"

（这时在台阶上的一男性村民说：把毛主席撤起来。）

某人："到什么时候也是种地拿钱。"

女人："这地根本就不够，不用说交公粮，都不够吃了。一百亩棉花地，五十干什么啊，给人家种，种点菜种点粮食的，包给河南人了。你们敛公粮的，也得向上边反映反映，怎么早时不这样？干部一来，说交，都推小车辘辘辘辘地去交公粮去。你要把地都卖了，一分也没有了，你收粮还得费劲呢。这应该不应该向上反映。我说一句不交，那个人，穿着一个小黄褂的，铐子就亮出来了，我说你不用亮那个，我见他妈的多了，你甭跟我亮铐子，他妈的，我吵架的时候还没你呢，你跟我亮铐子。我说他一句，他也不言语了。往上反映反映，看是真有矛盾还是假有矛盾。他为什么敛不上去啊？不是他敛不上去，是矛盾大了去了，不是一星半点的矛盾。"

另一女人："年年好拿的这个就给了，不给的就拉倒了。"

女人："要没这份承受（忍让），我早拿刀和他们抢起来了。"

另一女人："你比他们还得黑。……"

某人："可以从底帐上查。"

女人："我们也没有（帐）本，要钱，给了就走了，交了钱还要本干吗啊？谁懂啊？

　　（这时借钱的女人回来了，将 20 元钱交给包村干部，包村干部开具收条）。

　　（这时时间已近七点半，天色渐暗。看来今天无论如何也完不成"拔钉子"的全部任务了，只能等待明天。我等肚子咕噜乱叫，只得打道回府也。）

　　孙郭讨论记录：（1996 年 7 月 9 日）

　　收粮过程中**"局住"**对方的策略：

　　1、戴高帽表扬对方，如杨镇语："你去年积极今年还应该积极"；

　　2、情理极端化——将对方置于无理境地。如孙所长"你要说不交你就别交了，我和×××替你交行不行？"

　　3、转换情境、位置，如宝京，"你就把我们当成要饭的吧，就向你要这二十斤花生仁。"

　　4、替对方着想，如杨镇"跑一趟比跑两趟强"，"交玉米比交麦子合算"等等。

　　5、杀鸡给猴看，先拔钉子，且把钉子户与当事人人性好坏联系起来，即挑选社区中口碑较差者作为钉子，李镇语："你挑那窝囊废，把我们镇政府的手艺都折了。"

钉子户的三条标准：去年没交清的，今年不交的，人性差的（韩书记语）。

6、将收粮上升为影响全局的工作。

7、剥离——只讲对自己有利的道理，忽略农户的道理。"哪条河的水归哪条河"，一码是一码。

上述几点可以先从以下两个角度考虑：第一涉及传统权力概念。这里的权力特指政治权力特别是行政权力，行政权力可分为两个作用范围：1、在行政系统不同级别间发生作用的权力；2、行政权力对于社会的作用；后一种表现为行政系统较低层次与社会成员发生的联系，要分析后一种权力作用范围，行政权力的行使过程借用民间社会中的价值原则和规范、习俗的情况，也可称之为行政权力运作中的非正式技术——**正式权力的非正式行使**，避免造成权力伤天害理的形象。

也可从理性选择理论考虑此问题在。现实生活中理性选择受很多因素制约，上述权力技术的实质是以政治权威作为基础、巧妙运用正式科层组织中没有的、日常生活中的、以限制对方进行选择的可能性范围，并将此可能性不断缩小，最后缩小为唯一可能性，与博弈论有何关系？还包括**此过程中对支配性话语的争夺与垄断**。

运用社会学中新的知识进展对行政权力这一传统概念的实际运作给予新的解释。

13. 行者无疆："江河十年行"行走日记

2010 年 11 月 24 日

清晨出发，飞往昆明。到达后即乘大巴开往六库（怒江州首府），同行者凡二十余人，均为各学科研究者和媒体人士。2010 年"江河十年行"云南段的三条大江——怒江、澜沧江、金沙江的行程开始了。

到达六库已是夜里一点多，先行到达的于晓刚老师一直在等候我们。入驻宾馆，一夜无话。

2010 年 11 月 25 日

清晨起来，天色阴沉，脚下的怒江也显得灰暗。早饭时团队成员相互介绍后登车，沿怒江峡谷而行，前往丙中洛。旅途之中大巴课堂开讲，各路专业工作者介绍自己所熟悉的领域，围绕着水电开发导致的生态环境改变和水电移民等问题。我向领队建议：不要使用"专家"称谓，原因是该名称已不是什么好词，某些专家专爱开口胡言，一张嘴就引来"板砖"一片，确实堪称"砖家"。开个玩笑：谁说我是专家我跟谁急啊："你才是专家呢，你们全家都是专家！"

我也简要谈了"维权就是维稳"、"社会建设建的是作为主体的公民社会"等话题；特别强调了水电开发决策不仅仅是科学家的事，而是关系全局全社会之事。现有的发展却是目中无人，在城市建设中是只见房子不见人，在西南开发中是只见水电不见人；而真正的发展目标在于人民的福祉和长远利益，"和谐社会"的本质含义是"以人为本"、是"和而不同"、是"正义公平"的社会。

下午路经怒江重要景点"石月亮"，停下拍照。

之后到达福贡县石月亮乡民族完小，送去各界人士捐赠的图书、光盘和衣物等。孩子们正在吃饭（应该是晚饭？），观察了一番，吃的是米饭，有很少一点肉和豆腐皮，靠辣的菜汤下饭。校长组织孩子们排队领取捐赠物品，场面热烈，众人拍照不提。我问了好几个男孩、女孩"饭好不好吃？宿舍条件怎么样？"回答是众口一词的"好"；但仔细观察一下，孩子们脸上长癣的非常普遍，这应该是营养不良或有蛔虫的表现；天气这么凉了，不少孩子还光脚穿着拖鞋凉鞋；有的孩子看上去年纪非常小，给人的感觉还不到六七岁，这么小的孩子就离开父母寄宿读书，着实有些令人担忧。但取消村小、集中办学又似乎是当下统一的政策，沿途我们也看到许多校舍很不错的希望小学都空置了。事实上农村教育的困境依然很大。"一刀切"的大一统方式办任何事恐怕都会有

大问题。（此话题应与梁晓燕讨论）

在小学对面已经废弃的写了"拆"字的粮站，我们看到黑板上写着：籼米标2.00(市斤)，北大荒精洁米2.75(市斤)，北大荒精洁米3.50(市斤)，本地菜油9.00(市斤)，学生口粮价每市斤1.90等字样，了解到当地现行粮油价格。

到达贡山县丙中洛乡已经是晚九点左右，摸黑进入甲生村的重丁村（村民组）。我们在央视记者摄影机灯光的照射下高一脚低一脚地行走，有人踩进水沟里湿了鞋。全村的狗都叫了起来。夜宿该村农家。户主刘吉安开农家旅馆，家境殷实，院中树上挂满了柿子。晚饭很丰盛，有腊肉、腊排骨、炖鸡等。

住宿条件较差，多人一房，只能按男女分屋住下。

水冰冷刺骨，略为洗漱睡觉。

凤凰网记者兰健为大家开通了微博（戏称围脖），而且可以用手机发消息。我的第一条围脖是："夜宿丙中洛甲生（重丁）村。抬头满天繁星，侧耳怒江涛声，默祷这怒涛之声永不停息"。

2010 年 11 月 26 日

虽是睡半夜，还得起五更，26 日清晨七点即起，走访十个跟踪调查户的第一户李战友家。最有意思的是李还尚未起床，是被我们的敲门叫起的。李家比起我们住的刘家略显贫寒。我们围着火塘与李战友聊天：谈着今年的收成、家里的生计，边喝茶并吃他们自家的爆包谷粒（黑不溜秋的但很香）。这是一个多民族的家庭：李是汉族，他老婆是傈僳族，女婿是怒族，且是上门女婿，各族人民和谐相处；不一会儿其女儿和女婿来了，他们都能歌善舞，是在外出表演时认识的；而歌舞演出也能挣得收入。一家人的日子还不错，李的老婆还给我们展示了他们去北京旅游的相册（按：这样的走马观花虽然算不上人类学意义上的田野调查，但还是能了解到不少村庄的基本情况）。

丙中洛地区为亚热带景观，村里长着巨大的芭蕉树；

民居为木结构杆栏式建筑;路过的一些人家屋檐下都挂着收获的包谷和自制的腊肉香肠。

　　早饭之后继续沿怒江上行。同行的张学友(春山)向大家介绍地形地貌:怒江切割而成的高山峡谷,左手是高黎贡山,右手是碧罗雪山,大江大川,气势非凡,不愧为三江并流的世界级自然遗产宝地。途中临时走访了四季桶乡一户人家,简单访谈后继续行路。先后到达石门关、茶马古道,遥望雾里村。一江之隔的对岸即是在岩壁上凿出的茶马古道(德拉姆),各族先民由此走马贩运、生存繁衍。先行从索道桥过江的队友在此岸看上去小如蝼蚁,让人深感宏大与渺小、亘久与短暂的巨大反差。面对雄浑伟岸的大自然,队友们激动得大喊大叫。

　　一行人沿怒江上行至滇藏交界处(西藏察隅县)折返,经著名的怒江第一湾。这个在书本、报刊上看过多

次的形象终于在现实中跳入眼帘——没有那么湛蓝碧绿，
冬日的草木也略显凋敝，但依然还是有一种动人心魂的
力量：大山像伸出一只巨足插入大江，迫使其转弯而下，
山河在这里纠缠盘旋，大自然的力量是那样不由分说。
栖居于此不多的几户人家千百年来只是默默旁观这天地
造化。

围脖一条：

壁立万仞，江水如碧。江边人家并不富裕但安康自
足，为什么一定要修坝呢？少发几度电又怎么了？别切
断这条生态河。

（这时我们还不知道，西藏境内怒江上游已经修建
了两座水电站——地质学家杨勇后来告知。）

下午来到怒江傈僳族自治州贡山独龙族怒族自治县

普拉底乡力透底村东月各河河谷，这里是云南 8 月 18 日特大泥石流的发生地。数月之后，泥石流的惨烈仍令人不寒而栗。比房子还大的巨石滚落江边，上面有红字记下"公元二〇一〇年 8.18 特大泥石流遗址"，如鲜血一般触目惊心。我们脚下的泥石中埋葬着一百多个亡灵，有人摆放了水果、酒水等祭祀物品。据报道，这里原是一个选矿厂，在那个恐怖之夜，上游 30 多万方巨石和泥土在暴雨洪水冲击下顺峡谷而来，上游玉金铁矿遭受灭顶，采矿区、厂区、生活区、变电站、近百人、40 辆车卷入怒江。堆积物卷入怒江，第二天使上游江水增长 6 米，下游下降 3 米，当时情况非常紧急。……山坡下公路被冲毁 200 多米，石拱桥已粉身碎骨，现今还在使用救险时期的钢架简易桥（兰健记载）。遗址现场依然到处散落着锈迹斑驳的车辆、设备残骸，丑陋狰狞；大大小小的石块让我们走得磕磕绊绊，更感自身之弱小。怒江在身旁变得很窄，它奔腾着咆哮着，溅出白色的浪花，与我们上午所见的碧色江水似乎已性情大变。

面对如许场景，要不要敬畏自然的话题还用争论么？这怒江之声，温柔时震撼，暴虐时更震撼。

围脖一条：云南怒江贡山普拉底乡泥石流灾难的现场触目惊心，让人无法不惊叹大自然之力。人类真是狂妄，还叫喊战胜自然，向大自然进军，真 TMD 是作死！
人要作孽就是自取灭亡，挡都挡不住。

26 日夜宿贡山。

2010 年 11 月 27 日

上午到达定点走访的小沙坝移民新村（记录片《怒
江之声》中的村庄，四年前他们是坚决不愿搬迁的，而
今已经进入新村），这是此行进入的第一个移民村庄。队
友分成几个小组在村中走访，首先映入眼帘的是统一建
造的村民住房：二层小楼上下各三间有一小院，正面一
间是铺面房，但大多数都空着并未经营，除了最热闹的
临主要街道的铺面（后经了解，这些能够出租的铺面房
大都属村干部所有；出租房多经营建材，是地方政府要
求商户来这里开店的）。

　　我们一行来到跟踪调查户何学文家。何学文是原来的老村长，曾经为建坝搬迁之事焦虑与奔走，现日渐年老体衰。走进家门，何大爹正在火塘边抽烟，招呼我们坐下说话，他告诉我们：

　　没有田地的日子对农民来说太难了，现在新村的乡亲们有些又回到老地方去种地了，但路途远，来回要走很久。他家里在小沙坝老村的果树都砍的砍，荒的荒了。因为没法照顾，只好放弃了。

　　移民前那可是何大爹家的一笔重要的收入呢。下面是汪永晨记录的"2008 年江河十年行"时何大爹讲述的情况：

　　原来有 60 多棵芒果树、10 多丛竹子、20 多窝芭蕉、10 棵石榴、4 窝咖啡、8 棵桃子、600 多棵大桐油树、200 多棵小桐油树、600 多棵果皮树、5 棵木棉花、10 棵树瓜。随着水库的修建也将被占用和淹没。现在虽然还没有淹，可果树都在老村，搬到新村的他们无力再去看管那些果树。两年了，他们家这些果木的收入基本是没了着落。年猪，对中国农民来说，不管是什么族都格外重要。搬到新村三年了，不让养猪。今年 9 月份，何大爹的女儿给了一头小猪，老人找了新村外的一块地方搭了个猪圈养了起来。

问：猪圈那要天天去看着吗，他说是几家人一起找的地方，有人看着。平时他自己去喂，周末孙女休息了，孙女去喂。孙女明年参加高考。家里两个上学的孩子，现在完全靠儿子，媳妇在外面打工挣钱。

与何大爹交谈了一会儿，其小女儿与几位妇女到来，拿着印满红手印的上访相关材料（题为《关于住房问题的请示》，数了一下有三十多个手印），多是反映有关补偿面积、款额和房屋开裂、漏雨等问题的。访谈后我们分头前往几户人家包括何大爹女儿家查看房屋质量问题并拍照。之后又在村里随便转了几户人家。村民告诉我们，今年算是一件好事的是村民的铺面房未能租出去，县移民办公室给了 5000 元补偿。在村民指引下我们来到村书记的"豪宅"，试图进去看看，但敲门未果，家里无人应答。我们也看了村里的卫生室，一位女医生在坐堂，输液室内有两人在输液。

正在此时，两位公安干警（一位着警服一位着便装）迎面而至，问我们是干什么的，为什么采访村民？要求查验身份证明，我们回答只是作为旅游者随便走走看看，并无它意。看来他们无论如何也不肯相信，坚持跟到大巴车前查证件。出示证件后我们乘大巴离开小沙坝村找地方吃饭，领队则在大部队掩护下带小分队另外打车前往老村视察。已经打过交道的两位警察（国保，谐音国宝，熊猫）此时乘越野吉普跟住我们，我们停车后回头往饭店走，与之迎面碰上，他们停下车专门告诉我前面一家羊肉汤馆子不错，我答"正是前往羊肉汤"（这家羊肉汤馆子非常地道）。吃饭期间他们一直未离开，在不远处监视，直到小分队返回与我们汇合，饭后离开其所辖地盘。

告别小沙坝，吃饱羊肉汤，我们开上去往澜沧江的路途。据永晨所言，下一户要访的澜沧江人家早已经在等我们，并且"杀鸡宰羊"准备了丰盛的午餐（晚餐），她强烈建议大家别吃太多留着肚子去吃特色刘记黄焖鸡。我开玩笑说：大家千万别听汪永晨的，赶上一顿就得吃饱，下一顿还不知在哪，知道在哪也有六七个小时路程呢，嘎嘎嘎。

果然，到达刘玉花家时，天已经黑透（晚上八、九点了）。刘家原住在澜沧江边，因修建小湾电站，搬迁至潞江坝小平田村。据汪永晨介绍：

2006 年江河十年行时，刘玉花家过得安逸而富足。接下来的几年，从她对移民的担忧、到搬迁至新家后没有田种的困难生活，她不断感到身体的不适。

就在等待我们到来时，她因焦急又感觉心脏难受需服药。眼前的刘玉花，年轻却十分憔悴，面容清秀同时却充满忧伤。现在她一家四口（老父亲、丈夫、幼子）靠开一个小餐馆每月一千多元的收入为生。周围都是移民，可以想见能有多少生意呢？在访谈中，刘玉花介绍说：田、地已经分下来了，但田在三里外，地更远有六里路而且在山上。村民们原本得到许诺，分到土地之前政府每月给一定补贴，但直到现在十一月了还没给。刘家上有老父（其母去世较早），下有幼儿，她和老公经营这个生意清淡的小饭馆也不容易。而且从搬迁、安家、到重新安排生计、带孩子，她实在太累了，身体出了毛病，哪都不舒服却查不出病因。她一脸疲惫和愁苦与她80后的年纪实在不相称，我们也找不出合适的话劝慰她。她的丈夫坐在旁边，回忆说当年的刘玉花是个爱说爱笑、活泼开朗的姑娘；我问他在家里都做些什么，他说只负责帮玉花做鸡，还做一些杂事，而做菜、买菜、招呼顾客都是玉花的事，还有一位他们叫姨的来帮些忙。在我们看来，这位丈夫多少有些担当不够。刘玉花是心病，病因一方面是迁移，另一方面与其家庭不无关系。她更需要的恐怕是心理援助。

　　一路跟随我们到刘玉花家的公路修建单位安全负责人李主任和在刘家等候的武警部队的一位少校，在与我们共进晚餐后也听到了我们的谈话，他们出去了一下后回来递给刘玉花一个信封，说"知道你们有困难，我们也帮不上忙，这是一点心意"。这出乎我们的意料也让我们感动，还是好人多啊！

晚上围脖内容：

看了小沙坝移民新村的情况，走访了几户家庭。（晚上又走访小坪田村）我觉得补偿面积、补偿款、房屋开裂、漏雨等等问题还在其次，最大的困难是村民迁移后没有了生计：铺面房没有人租（村庄中权势者除外）、分到的土地较远或较差不便耕种（家中有老病缺少劳动力的尤甚）、不能养牲畜……。

离开刘玉花家，路上大家就相关问题发生热烈讨论甚至是激烈的争论，每个人看待问题的角度、方式不同，得出的判断不同，本属正常，问题总是越辩越清楚。小沙坝和小坪田移民村都不算太差的（后面我们看到的下橄榄菁村可以为证），但村民的生活特别是长远的生计都还存在很大的忧患。

这真是漫长的一天。当晚住在保山。

2010 年 11 月 28 日

自从在小沙坝与熊猫（国保警察）遭遇后我们被陪

护的旅程就开始了。11 月 28 日，赶了一整天路，傍晚才到达云县，在于晓刚老师带领下前往下橄榄菁村。这是一个从大朝山电站淹没区移民至此的村庄，盘山的土路狭窄而崎岖，我们的大巴根本开不上去，只能停在山下，全体队员步行前往。从晚霞消失走到山路黑透，也不知还有多远，队伍在山路上拉了有几里地长。我和于晓刚老师走在最前面，开始担心一些身体较弱、腿脚不好的队友，建议他们退回停车地点等候。转过一个山弯，不见亮光；再转过一个山弯，还是不见亮光，似乎越走越黑了，道路也不易看清。终于，一个身影出现在前面，是前来接我们的下橄榄菁村民。他告知说村子突然就停电了，还有一小段路就到了。我们是摸索进村的，一片漆黑，一片狗吠，农村的黑夜是伸手不见五指的透黑。全体队员包括年纪最大的、身体最差的都上来了，尤其是苏京平老师、Lisa，着实令人钦佩。全队进入当地乡人大代表村民李世龙家坐下，点上蜡烛说话。

这些原来住在澜沧江边的农民如今住在大山旮旯里，他们反映：国家要修电站，要发展能源，我们都支持，可是我们被迁到这样一个没有水喝、也没水浇地的地方。之前告诉我们的是这里有水、电、路、医疗室、文化站、学校、有线电视……，还有田地可种，条件很优越，要我们积极响应。可现在呢？搬迁是在 2000 年的冬天，已经十年了，吃水和灌溉的水源问题都没有解决，我们反映了多年，乡里说花钱给我们修了水池将水引进村里，但是多年了水池子还是没有水，据说一经测量，发现水源地比这里的水池子还要低，水怎么得过来？说是给农民解决贫困问题，可现在分明是把我们本来富裕的生活变穷了。

一位因为上访反映移民问题而被劳教一年半的村民情绪激动地诉说了自己的的经历：他被关押时孩子才一岁半，在劳教时干挑选水晶的工作把眼睛弄坏了（现年 38 岁），现在生活依然困难。村民们给我们看了一份他们写的《关于云南临沧市云县大朝山电站库区移民搬迁安置工作中存在严重问题的报告》：

我们移民也想安居乐业，也想在和谐社会中做一个好公民，也想和全国人民一样在党和政府的领导下奔小康，可是我们现在的状况，连想都不敢想，不上访解决不了，上访了也解决不了，最后还是把希望寄托在领导身上。（报告人：橄榄箐 瓦瑶 红豆箐 回营坝 四个移民点全体移民）

我们也看到了村民的户口本，令人不解的是户口本上都有一个"居民"的红色印戳，而村民明确地说他们

是农民户口。（这个问题有待进一步核实）

　　告别下橄榄菁村，村民用几辆摩托车送我们出山，两人搭乘一辆，一人紧抱一人，颠簸在漆黑的山路上，让人有些心颤。快到我们大巴的停车地点时，迎面遇到一辆（黑色？）桑塔那，错车后不久它又转头回来，一直在我们的大巴车前面慢慢开行。在开上主路之前，它终于把我们拦住：亮出国保（警察）证件，查验所有人身份证明。查证的过程很慢地进行，因为要逐一登记。总算登完了，我们的大巴又上路了，开往县城找饭吃（此时已经过了 22 点）。有小车一直跟在我们后面，还不停地换车跟踪，弄得像地下工作或破案片似的。到达县城后，我们人生地不熟，加上太晚了，一时找不到吃饭的地方，一度被人指到一条小黑道上，这大概让熊猫（警察）们十分不满，以为我们在搞什么花招以甩开尾随，其实我们真是在找吃饭的地方。无奈，我们干脆请于晓刚老师直接去问尾随者：请把我们领到能吃饭的地方可以吗？没想到对方居然面无表情、不予理睬。

终于找到一家还在营业的饭馆，匆匆吃了点饺子后，我们要开往相邻的凤庆县，与已经先行到达的三位队友汇合。熊猫（警察）的车一直护送至县境，之后换下一个县车子的继续"礼送"。在当地最大的酒店，我们接三位队友上车时，一个身着旧式警服的姑娘追出来，说"那个戴帽子的女的呢？"我以为她是女熊猫（警察），遂严肃地问到：你是谁啊？姑娘有点委曲地说："那个……她拿了我的暖水袋"。我们大笑不止，赶快要回借来取暖的暖水袋还她。夜已深，我们决定就住在凤庆。入住旅馆时已经凌晨一点多，已经进入房间准备睡觉的我们又被叫到前台逐一登记身份证。（此处省略三字！）

2010 年 11 月 29 日

11 月 29 日清晨出发去澜沧江小湾电站，这一夜大概只睡了不到四个小时。守护一夜的熊猫（警察）们换班了，继续陪同。最搞笑的是在我们去往电站的路上已有一辆白色轿车在途中等候，而其车号居然为云 XS0250，

全体团员为此大笑不已，"如此二百五"，哈哈哈，真是太油菜了！（有照片为证）

在山路上行驶，脚下的澜沧江波澜不惊，水平如镜，因为已经变成小湾电站的库区。据相关材料介绍：

小湾电站是澜沧江流域开发的关键性工程，位于云南省南涧彝族自治县和凤庆县交界处漾濞江汇口下漫湾水电站上游，是漫湾水电站的上一级梯级电站，距昆明市 265 千米，坝高 300 米，最大水头 250 米，可获总库容 153 亿立方米，有效库容 113 亿立方米，装机容量 420 万 kW，保证出力 185 万 kW，年发电量 191.7 亿 kW·h。

在熊猫（警察）陪送下到达小湾电站，这个号称亚洲第一的高坝（三百米）将澜沧江拦腰截断。我们不时停下来拍照，为了拍不同角度的大坝全景有的地方又折返回去拍摄，这下可能让熊猫（警察）们更加紧张，不知道这些人在干什么。终于来到了小湾电站的观景台，此台修得非常漂亮，遍种绿树花草还标出树名，台子下居然还有一头带着阿尔卑斯牛铃的牛在吃草，让人恍惚身在何处；而眼前是大坝和电站的全景：坝体雄壮，气势非凡，矗立于澜沧江上，进口和出口尽收眼底；坡上还建有"树立科学发展观 建设生态水电站"的巨幅标语。当我们正在拍照、感叹和探讨"啥是生态水电站"之际，忽然一辆面包车急停在眼前，数十名迷彩服武警蜂拥而至，直奔我们而来，嘴里不断喝令：这里不许拍照！你们马上离开！我们反问：为何不许拍照？不许拍照为什么没有提示牌？修了观景台不就是让人观景的吗？难不成这观景台只是给领导视察用的？……无奈他们不由分说地赶我们走，并且威胁要把已经拍下的照片删除，为了不直接冲突和保护已经拍好的照片，一声令下"撤"，我们一行人立马上车离开。几经遭遇后我一直在想：如果国宝（警察）们把如此精力和经费用在保护环境、帮助农民上，他们不就是今天的"最可爱的人"么？

离开小湾电站，我们一直被护送到至大理的高速路上。苏京平老师在大巴上做了北京人民广播电台"关注江河十年行"的直播：我们每个人都说了几句。我主要谈了水电开发与社会公正的问题：谁是开发的受益者，谁是承担代价者；对移民应有合理的安置补偿；代际之间的公正问题——这一代人有什么权力把资源占尽、用光，把环境破坏完，留给子孙后代一个千疮百孔的大地？

当晚到达丽江，又是夜半时分，与地质学家杨勇汇合。入住东河居旅店。

2010 年 11 月 30 日

团队兵分两路：一路由于晓刚带领去金沙江一库八级中的梨园电站。因为梨园电站这个项目正在网上公示环评报告，关注中国江河的专业人士和民间环保组织正在针对公示的环评报告提出意见，希望对报告中有关鱼类的保护和地质灾难的预防进行修改。可是我们也听说，虽然梨园电站还没有通过环评，但是那里的大江已经被截流了。就此应该去证实一下。

另一路由杨勇带领前往虎跳峡，要去看一下如果建电站，下虎跳的淹没点会在哪里。我们分乘两辆车前往，一路上好像都在修路，山势险峻，道路崎岖。金沙江在深深的谷底，两岸陡峭如巨斧劈开一般。

据杨勇介绍，我们到达的中、下虎跳的所谓虎跳石就是峡谷中崩塌于河床的巨石形成的明礁，并不是与山体相连的基岩。他指给大家看，环评单位把与左侧玉龙雪山相连的直立基岩当成了下虎跳石，所以得出 132 米高的数据，实际上能看到的下虎跳石正好位于直立基岩右侧江中，随着枯水期的到来，下虎跳石将逐渐露出水面。从这一点上看，环评报告对下虎跳石景观变化的估计是错误的，同时也没有什么意义。

围脖一条：

国在山河破：每条江河都在被开发被破坏，每个人的故乡都在沦陷，心痛。

　　我在这里完全是外行。仅凭直感想到，在这样险峻而且地质结构也相当脆弱的高山峡谷中修坝拦水，不知风险如何？长远效益又如何？

2010 年 12 月 1 日

　　这是相对比较舒缓轻松的一天。据称，长江自青藏高原奔腾而下，经巴塘县城进入云南，与怒江、澜沧江一起在横断山脉的高山深谷中切割、穿行形成"三江并流"的独特景观。而到了香格里拉县的沙松碧村，突然来了个 100 多度的急转弯，转向东北，形成了罕见的 V 字形大弯，人们称之为"长江第一湾"。我们首先到达邻近长江第一湾的石鼓镇，在当地大户杨学勤家吃早饭，热气腾腾的鸡豆粉糊糊，雪白的米糕都让人食欲大增。匆匆吃过后即在杨家采访跟踪访谈户之一的李家珍。坐在面前的李家珍面容沧桑，这是一个乡村中的能人，肯出力，又聪明，会伺弄土地，家里种植水稻、玉米还有不少果树，养猪喂鸡，老李还有木匠手艺。两个儿子都在外面有工作，家里生活无忧（具体内容见访谈录音记录）。问到业余生活，老李说他经常看的电视节目是中央十套"走进科学"栏目，有人问他爱不爱看电视剧，他回答说"太假，现实生活不是那样的，所以不喜欢看"。他也是《南方周末》的经常读者。

有意思的是，老李还讲到了他家在土改及农业合作化时期的一些经历，与我一直在关注的这一时段农民口述历史密切相关。讲完后老李拿起早已准备好的二胡给我们拉了一段乐曲，名为《到夏了》，不知为什么，在他演奏时我听到的却似悲秋之音，而老李的脸上和眼中分明是悲凉之色：不知是对以往沧桑的回顾？还是对未卜将来的担忧？

走出石鼓镇，老杨和老李与我们一同前往车轴村萧亮中家。路上他们告诉我们，金沙江建电站石鼓镇也是淹没区，淹没的水位线是 2010 米，山上已经打了桩子。按照老杨的说法：如果修了电站，要么搬出去，要么就得住到花果山上："沿江的土地都开了，上移是什么地方？就是猴子住的地方，不是花果山是什么？"

车行至渡口，我们打电话呼叫对岸的渡船过来。不一会儿一只装有发动机的木船驶来，送我们渡过金沙江去往车轴村。

萧亮中，这位与我同专业的青年学者，毕业于中央民族大学的研究生。

他出生在金沙江边的云南省迪庆藏族自治州中甸县金江镇车轴村，这个多民族聚居的连接汉藏两地的美丽村落，后来成为他硕士毕业论文《车轴》的田野调查点。为保护这个村落以及金沙江流域这片乡土和人民的权益，他开始了四处奔走呼吁，用他的热情和坚韧来影响社会公众，但身体的过度劳累和心理焦虑却最终袭倒了他。

年仅 32 岁的他英年早逝，成为我们永久的遗憾。过江步行约四、五里，我们来到亮中的故乡，路经家乡人民为他立的"金沙江之子"的石碑。

进村后，我们首先登上亮中家屋后的山坡，为他献花、祭悼。极为简单朴素的坟墓安置在山坡上，前面是浩荡流淌的金沙江，这两岸各族人民的母亲河，亮中还在守护着她。

从墓地返回时遇见萧家一位老人，论起来他是亮中的爷爷辈。他穿着破旧，光脚穿一双解放鞋，面相苍老，一问才知道原来与我们年纪相仿，大不了一两岁。他刚从政府获得建房补贴二万四千元，因儿子要结婚，房子不够住，又盖了一座土坯房。路上他又带我们看了萧家始祖的坟墓，告诉我们哪个碑是哪个的。

在亮中弟弟的新房子中吃了丰盛的午餐。饭后对萧妈妈进行了访谈（详见访谈记录）。其间永晨把队友们和北京一些朋友捐的钱拿给萧妈妈时，她不肯收下，这时就听苏京平老师大声说："亮中不在了，我们就是您的儿子，儿子的钱妈妈能不要吗？"一句话，老人落下泪来，大家也都无语凝咽。

告别了萧妈妈，告别了金沙江畔的乡亲们，我们又乘渡船过江，返回丽江古城。次日与队友们分手，他们将直奔攀枝花，继续行走四川的三条大江——雅砻江、大渡河、岷江。

我们是行者，一群自由、快乐又悲悯的行者——在大自然中的行走者，在人类社会里的行动者。行者无疆。

2010 年 12 月 19 日于北京　补记

14. 行者悲心——《六江纪事 2009—2012》序

自 2006 年开启的"江河十年行"已经进行了 7 个年头。行走江河，记录江河，书写江河的历史，是希望能让更多的朋友和我们一起关注中国江河的命运。

民间环保组织绿家园发起的"江河十年行"，力图从多方视角关注中国西南的六条大江：四川省境内的岷江、大渡河、雅砻江和云南省境内的金沙江、澜沧江、怒江。

这是一支行走的团队，这是一群坚持以行走方式关注中国生态环境的理想主义者。数年来，他们的足迹留在六条大江的上游下游，左岸右岸，也留在村落农舍，水电工地，……。我参加了 2010 年的行走，也自始至终地关注着伙伴们的足迹，思考有关江河、生态、人的生存和发展问题，而更多的感受却是担忧、焦虑、悲哀甚至绝望。为什么这样想，这样说？因为环境情势危险，江河告急，年复一年的行走，我们都看到、听到、感受到愈加严峻的生态、生存危机：自上世纪 90 年代中期以来，"跑马圈水"大干快上，一些大型水电项目（如怒江）将坝址选在位于山体结构破碎、地质灾害频发的区段（可见徐道一、孙文鹏先生的论证，及温家宝前总理三次叫停怒江建坝），危害显而易见；建坝对当地生态、地质、气候造成的多重负面影响被故意忽视不见；因建坝导致的水电移民生计困难、补偿不到位、发展无前景等问题长期得不到解决；水电过剩、本地消化带来的高耗能高污染矿产企业等对当地水资源和居民生存环境的严重破坏；……眼见得这水质恶化、江河寸断的前景，行走者们无法不心痛、焦虑、悲伤甚至愤怒。

这一切都在"发展是硬道理"的逻辑下发生。在相当长的时间里，发展成为经济、政治领域的大政方针，所谓"硬道理"就是要管住其他道理的道理，有着不言而喻、不由分说的正当性。而正是这样的思路造成以"发展"之名践踏"以人为本"之实。在发展的口号下，我们不去思考：什么是真正的发展？究竟是谁的发展？发展硬得过什么？发展给谁带来了最大的好处？而又是谁承担了最大的代价？单纯追求 GDP 的经济增长是发展吗？以破坏资源环境为前提的开发是发展吗？以牺牲人的幸福、健康、甚至生命为代价的经济发展是发展吗？时常听到的一种说法是：任何社会的发展和进步都会有代价，都会有阵痛，大家一起咬牙渡过阵痛期就好了。可现实是，发展的获益者、获大利者总是一批人，而受损者总是另外一大批人；长此以往，人们会想：怎么每次都是我阵痛？为什么代价总是我承担？发展的好处哪去了？
GDP 高速增长，建大坝、修铁路、筑高楼和我又有什么
关系？安知不是又一次长痛中的"剧痛"？我们知道，
如果是真正的以人为本，经济的增长永远都不能硬过人
的生存、发展和幸福，因为以人为本就是人作为目的，
发展应该围绕着人民的幸福、人的自由和人的全面发展
来进行。目中无人的发展——在水电开发中只见大坝不
见人，在城市建设中只见房子不见人，在任何开发中只
顾眼前利益而牺牲全民的长远利益，都不是真正的发展。

　　在人与自然关系中的另一种谬误是"战胜自然"，
"人定胜天"的思维。每逢灾难过后，我们不时听闻"战
胜了自然灾害"的表述：诸如面对自然灾害"中国军民
打了一次胜仗"；"我们定能胜天，战胜自然灾害"；
"弘扬民族精神战胜自然灾害"；"众志成城战胜自然
灾害"……。每每听到"战胜"这种宣传话语，总让人
感到说不出来的别扭——如果这类话语用于增强人们遭
受重创后的信心勇气、鼓励人们重建家园的精神力量尚
可理解，那么在对救灾工作经验教训的理性总结中就不
应再侈谈什么"战胜"。

　　人类常常在刚经历过自然力量的不可抗拒、刚刚体
验了人类和人造物在自然面前的弱小无力，就侈言战胜，

简直是连伤疤还没好就忘了痛；地质灾害不可预测的权威声音还在耳边回响，却一转脸就要向自然开战。曾几何时，我们这个民族，在战天斗地的意识形态教化之下，将极端的革命思想与科学主义相结合，把自然视作可以玩于股掌之上的对象，即可以被人的精神力量和科学技术改造和征服的客体。极度的狂妄自大和自恋使得人对自然的掠夺与破坏达到丧心病狂、穷凶极恶的程度，"人定胜天"、"喝令三山五岭开道，我来了！"、"人有多大胆，地有多大产"等妄语就出自那个时代，而这类"战胜"带来的灾难（人祸）也是空前沉重惨烈的。时至今日，诸多的经验教训难道还没教会我们尊重自然、爱护自然吗？

就历史而言，许多自然灾难都是人为地破坏自然环境造成的，如空气、水源、土地污染，资源枯竭，荒漠化，生态失衡导致物种灭绝等等都与人类活动有着直接或间接的关系；甚至地震与人类活动也并非全无关联。人类生存仰仗于大自然，但人类的贪婪和过度索取甚至掠夺却恶化了地球环境，而这些恶果又都会反加诸人类身上，几乎因果相报，屡试不爽。就此而言，虽然我们不相信灾难的"天谴说"，但是将这类灾难看成是自然对人类破坏行为的报复也并不为过。

　　就逻辑而言，人类是大自然的造物，是自然之子。我们不是每每听闻"地球母亲"之类的环境教育宣传吗？人们喜欢用父亲母亲比喻生养我们的这块土地，甚至河流、山脉、森林、草原都经常被赋予父母亲的形象。就此而言，断没有子女有事没事的老向自己父母亲宣战的道理，断没有征服自己衣食父母的道理。记得几年前媒体曾经发起过关于"人类是否应敬畏自然"的辩论，其实在我看来，对自然存一份敬畏之心并无坏处，对于给你提供生命、生活来源的自然母亲为什么就不能敬重一点、谦卑一点呢？"敬畏"被一些"科学"人士简单粗暴地归结为"反科学"、"迷信"，退一步说，即使"迷信"也比"战胜"、"征服"让人心里踏实。殊不见，一些地处偏远的原生态族群，视其一方山水为神明，敬畏、崇拜、保护着它们；在他们看来，山、水、森林、草原都是有生命的，这种"迷信"有什么不好吗？至少他们在喧嚣污浊的破坏性开发中守住了自己的家园，使得那里山常绿、水长清，这不正是真正的以人为本吗？认同常识，当存敬畏之心：自然不是用来战胜的，自然是人类生存之根本条件，是用来爱护和与之和谐相处、共存共荣的。

　　怀抱这样一种理念，7 年来，在种种坎坷障碍中艰难迈进,行者的脚步扎实而沉重,行者的心情百感交集,而悲悯，厚重的悲悯，是行者对身处其中的大自然最深切的感受与情怀。

2015 年 11 月 23 日

15. 康巴之旅——新都桥地区社会调查手记

甘孜藏区之行来回 9 天，一路的辛苦、劳顿、高反、不适都算不了什么。在蓝天白云的地方感觉离天堂很近，与纯朴、有信仰的人们相处可以净化心灵，我愈发感到：人，只需活得明明白白，简简单单，清清爽爽。而纯真不是装能装出来的，是骨子里的特质。

4 月 28 日出发飞往成都，当晚住在成都。4 月 29 日凌晨四点半即起，前往机场赶 6:55 的航班，结果却是因康定机场结冰无法降落，航班推迟，只在机场吃了碗既贵又难吃的面条就被拉到一小宾馆临时休息等候。十点钟再次奔赴机场，这回成功飞往康定。飞行时间还不到一小时，发了一瓶水还没喝完就准备降落了。窗外雪山层叠，景色壮丽，但众多雪山中也认不出哪个是让人神往的贡嘎主峰。

康定机场海拔 4100 米，有人形容是一开机舱门就有眩晕感的地方。感觉还好，慢慢行走就是了。上了接我们的车，行至折多山口停下拍照。整个团队只有我们四人爬上了山顶的亭子，海拔 4298 米。之后车行路经雅加埂到达海螺沟，当晚住在海螺沟。

4 月 30 日，大队人马上午出发，经泸定先到姑咱镇，与四川民族学院有关领导接洽藏族学生参与协助调查事

宜。傍晚到达康定，晚饭藏餐，应该是改良的，青稞酒
只有五度左右，糌粑做得像甜点一般。

　　5月1日早上乘依维柯出发前往新都桥镇，与镇领
导会面座谈。此后连续四天都在镇域范围内的村庄行走，
课题组分组先后走访了拔二村，东二村，新二村，每村

除书记村长家外，各选出收入水平上、中、下的家庭或
者不同经营类型的三户人家入户访谈，同时观察其生计
状况。

（给村主任献上哈达）

5 日离开新都桥前往塔公草原，参观了塔公寺、扎
西寺后直奔木格措。晚上回到康定县城。

6 日早上 8:55 的飞机，作别众雪山群峰，从康定经
成都返回北京。

流水账记完，正经内容开始：此次社会/文化调查是
为新都桥地区规划项目而做。

新都桥镇隶属于四川省甘孜藏族自治州康定市，地
处康定折多山以西、川藏线南北两路分岔口的立曲河中

游，东靠瓦泽乡，南接呷巴乡，西与雅江县接壤，北与塔公乡毗邻。亦为南路、北路、东路的交通要道，总面积580多平方公里，下辖13个村和1个居委会。全镇共2044户、6335人，其中农业人口4779，非农业人口1556，98%都是藏民，只有少部分的汉、回、彝等其他民族。全镇耕地总数约1万3千多亩。当年包产到户时，全劳力1人5亩地，半劳力1人3亩。由于其位于折西地区纯牧区和纯农区的缓冲地带，属半农半牧地区。农业以种植高山青稞和豌豆、土豆、小麦为主，养殖以牦牛为主；基本上还是"靠天吃饭"，抗灾能力差，也缺乏支撑产业，现金收入主要靠劳动力外出打工（挖虫草，建筑业，小工，服务业等）获得。全镇信仰藏传萨迦派佛教，主要寺庙有新都桥的高尔寺、塔公乡的塔公寺和瓦泽乡的曲木寺。该地区水资源主要靠雪山融水，量不足；地下水10多米就能打出来，但水质不好，含氟高不宜饮用。预计此次规划面积达20多平方公里，涉及九乡一镇。

经过几天从镇到村到户的走访、谈话、观察和讨论，我们获得一些初步的感觉和想法。

第一，该区域属于各方面都具有多样性而生态相对脆弱的地区，适合因地制宜规划，不适合大一统、一刀切。

各村、各组甚至各户相距较远而且所处海拔位置都不相同，例如拔二村海拔较高，3760 米，无法种植小麦，所种植青稞产量每亩只有 200 多斤，且土地需要轮休，隔年一种；而海拔较低的东二村则不需轮种，产量也相对较高，可达 300 斤。

与城镇的距离直接影响到村民生活的方方面面，例如距离镇区较远的拔二村，原来的村小学撤点并校了，如果去新都桥镇约 25 公里，太远；孩子太小的又不适宜寄宿；去塔公乡较近，11-12 公里，但却因非行政隶属关系，对方不接收孩子入学；加上寄宿上学生活成本较高，结果是全村有近半数的适龄儿童上不了学（全村所有上学的 37 人包括小学、初中、高中、中专和大专学生，同时却有 20 多个孩子上不了学），有些 13、14 岁的孩子才上小学一年级。（应统计一下各村的失学率和文盲率）

多样性还表现在生计方式上。多数家庭虽是以农为主，以牧为辅，但所获青稞、牛奶、酥油仅够或者还不够自家消费，通常还需辅以挖虫草、采松茸、捡杂菌和外出打工以获取现金收入。由于文化水平偏低，外出务工者通常藏族是做建筑小工和服务业等收入颇低的工作。做生意的人非常少。靠近镇区的有一些家庭开办了旅游接待业务，据不完全调查显示，从事经营活动的家户多半都有汉族关系（通婚等）而且受过一定程度的教育。

（普通村民的房子外表很漂亮，但里面通常比较简陋，
许多连厕所都没有）

该地的分散、多样状态应予充分注意，规划应该考
虑生计替代方式是否可行。最好是在原有生计方式——

农业、牧业的基础上增加新的收入来源（提升增量），如旅游接待、藏家乐等，切不可以剥夺方式取消原有生计却又不能安排适当的生计替代方式。

第二，必须充分尊重当地藏人主体性和他们的生活方式与宗教文化，他们才是这片土地真正的主人。

藏人多不擅长经营。做生意、开饭店和经营旅店的几乎都是外来人。传统作物以外的一些种植也多由外来人从事，比如来此租地种大白菜的农民多来自雅安等地，他们种菜才能赚到钱，其中一个原因是种植蔬菜需要使用农药，而藏人宗教信仰中有不杀生之信条，杀虫剂一撒就"打死一啪啦的虫"，是不行的。藏人牧养的牦牛也不可杀掉。

当地主要信仰藏传佛教中的萨加派（花教），而宗教在当地人们日常生活中有着多方面的作用。例如，孩子出生要由寺里的喇嘛为孩子取名；结婚、丧葬要请喇嘛来举办仪式；一年中还要定期请喇嘛来家里念经；一些家庭把男孩子送到寺庙中做"扎巴"，学习佛教经典，以后成为喇嘛；村庄里都有转经的地方，也有村庙；老年人每天都要花大概一两个小时前往转经，转经处同时也是村庄的公共空间。村庄也定期举行念经活动，临近年底，农事已毕，全村要举行祈福念经活动，届时会请活佛、喇嘛来主持，全体村民都要参加，聚集在一起念经达20天，这成为村庄最重要的公共活动和盛大的宗教节日。村民们会定期前往自己选择的寺庙朝拜活佛，有些村民还去过非常远的名寺朝拜，磕长头。

宗教信仰在维持村落秩序，调解矛盾冲突中作用也很大。村民之间有了纠纷，有时派出所、公安局等政府部门出面不一定管用，而活佛常常能一言定音，众人信服。2008年有一个村子丢了30-40头牛，被偷的牛可能是拿到外地去卖了，也可能是杀了吃了，偷牛贼也没有被抓住。后来活佛、喇嘛下来讲话了："不能偷，不能抢"；之后就好多了，2009年以后就再没有丢过牛、马了。

当然宗教信仰的作用在遭遇现代社会的利益冲突时也有力所不逮。例如，因318国道改线要修过境路，一些村民预先占领原本属于公共空间的荒地，以便日后征地时获得补偿。人们清楚地知道，"现在土地值钱了，大家都利益为先"，村里协调不下来，就把活佛请下来，但由于利益巨大，矛盾也大，活佛说话了也不算数，"活佛都冒火了"也不顶用。

短短不到十天时间，可谓走马观花，浅尝辄止，基本算不上田野工作。但此次康巴之行还是颇有感触。简而言之，初步调查所获最重要的有两点：一是必须注意自然生态、社会生态和文化生态的多样性；保持多样性是一地乃至一国生死存亡之大计。中国社会存在的诸多问题包括民族问题、宗教问题、腐败问题等诸相，皆与权力过分集中、过于强大而且不受控制、挤占甚至垄断了其他社会群体的生存资源有关。二是应该明确原住族群是当地的主人，也是推动当地发展进步的主体力量。各种旨在促进地方发展、改善人们生存状况的计划、规划、项目都须以当地人的福祉为中心，由他们自主地选择发展道路，因而必须是真正意义上的参与式决策。就此我们的基本规划思路可以简要概括为：**分散式多元发展；参与式增量规划；形成良性社会生态；构建现代文明新高地。**

2012-5-30

16. 路上的风景，归谁所有？

一放暑假，就开始了说走就走的旅行。我先后去了离北京不远的内蒙正蓝旗上都湖（小扎格台斯淖）、西乌珠穆沁旗成吉思罕瞭望山、古若斯台花海、克什克腾旗黄岗梁、达里湖、乌兰布统等景区。这真是些美丽的地方，让人心旷神怡，脑清心静。这些草原、森林许多都是路上的风景，即公路穿景区而过，而景区的收费处就在路上，设卡卖票。如此一来，就出现一个问题，公路是国道、省道或县道，通常不是高速路不收取费用。查了一下，如若收费，应该是国道收费站属于省公路局，收费归省财政；县道收费站属地方交通局，收费归市或县财政。那么作为景区门票收取的费用归了谁？肯定有人会说，归了景区，用于修建设施和维护管理等等。

但问题又来了，这类景区多属自然风景，天然的草原、湖泊、河流、森林、山丘，更是当地居民的生产生活场所。开发为景区后，风景也成为了商品，收入理应有当地人民一份。可问题是门票收入并不会落入当地农牧民的腰包，这部分钱的下落就成为人们关注却不得而知的疑问，也当然会引起方方面面争论。一个不远的例子是著名的湖南景区凤凰古城：

4 月 10 日，湖南凤凰古城将原来免费的古城景区和南华山神凤景区合二为一"捆绑销售"，对游客收取 148 元的门票。正式收取门票当天，凤凰县共接待游客 7200 人，旅游收入 499.6 万元，同比分别增 48.91% 和 52%。而当地居民反映：门票制实施后，游客量明显减少，街上的游客还不足以前的一半，很多店面几乎无生意可作，各处的吊脚楼客栈以前房源十分紧张，现在则出现大批"退订"，一些小的工商户开始转让商铺。此现象引发社会舆论的高度关注，也引起各方对收费"合理性"的质疑。（http://news.sina.com.cn/z/fhgcsf/）

无独有偶，在紧挨着内蒙克旗乌兰布统景区的河北围场县塞罕坝，穿过景区的公路属从内蒙回北京的必经之路。要想行走此路必须购买景区门票 130 元/每人，不管你是否停留于此观景游玩。回京途中被拦于此，怎么说都不行，建议对方采纳内蒙的乌兰布统景区的做法："路经车辆在限定时间内通过，不收取门票；超过规定时间者收费"，被对方一口回绝，真是"若从此处过，留下买路钱"呀。问题是这里并非"此山是你开，此树是你栽"，还没处讲理，被告知如果不交费只能绕行多伦县。有当地人告诉我们，绕行太远，还不如交了门票钱划算。我们气不过返回内蒙辖区绕行，果然这一绕就多出一百多公里，而且路途坎坷，方向标示缺失，具体说就是内蒙区域内高速、省道都已经修好，宽阔平坦，爽快无比；而一到河北界，高速路迎头断，必须下路在庄稼地里的土路绕来绕去，而且没有任何路标指示，全凭一路打问，问到非本地人，大家都是一头雾水。

作为社会学者，凡遇到困难、曲折总爱追根刨底问个究竟。这样一次遭遇让我马上想到的问题是，风景的产权应该归谁？由风景的商品化产生的收益应该归谁？穿过景区的道路可不可以走？这些问题看上去不难回答：收益当然归当地所有的居民；道路应该可以通行。而现实中就不这么简单了。就理论而言，一片美丽的风景，是当地的一种资源，能将旅游者吸引而来。人们围绕着风景这种商品的交易可能包括景区门票、旅游者在当地的食、宿、游乐、购物等消费，满足其欣赏美景、放松身心的需求；当地居民可经营饭店、旅馆、交通运输、游玩项目、土特产和纪念品出售等，通过旅游市场增加收益提升自己的生活水平；地方政府作为管理者应提供水、电、道路等公共设施的建设和治安维护等公共服务，并从风景的经营者手中取得合理的税收；如此，各司其职，各守本份，互惠互利，本可造成和谐、多赢的局面，应然如此。

这种应然状态的出现恰恰是哈耶克所分析的"自发秩序"的形成过程，在哈耶克看来，市场秩序并不是人类的设计或意图造成的结果，而是一种自发的产物。风景的商品化也同样基于自由选择的交换，在交换过程中形成秩序。要让作为消费者的旅游者在多种相互竞争的商品中自主选择，愿买愿卖，心甘情愿地掏钱，卖方必须因尽可能满足了消费者的需求而获得收益，这也是米塞斯主张的"消费者主权"，这就是市场自发秩序作为看不见的手的作用，而不可以是政府权力干预或控制下的强买强卖。

哈耶克认为，演化理论在社会事务领域应用的一个重要启示是，没有设计者的设计是可能的而且是我们身在其中的秩序的基本特征。并非哪有秩序，哪里就必定存在某个发号施令的人。以我们去过的乌兰布统景区为例，不是周末和节假日的时候，酒店标准间的价格在 200 元左右，较正式的酒店和家庭旅馆的价格相近；而一到周末和假日，所有酒店、旅馆的价格翻倍，甚至涨到 5、6 百元，而且还一房难求，要早早预定才行。这就是市场供需关系、价格机制在起作用，本不需人为干预。

　　然而我们所面临的现实却不是如此应然。权力，作为看得见的手，直接伸向旅游市场，封土围地，设卡堵路，为的是从中获利，增加的是政府财政收入。如此作为，导致的后果就是，如凤凰古城，同时是当地人的生活空间，在实行门票制后，游客不足以前一半，许多店铺无生意可做；或者像我这样的旅行者，宁可绕路而行，也不愿意被强按头消费风景，被迫观赏的那还能叫风景吗？缺少了消费者，商品卖方当然收益减少，不利于当地人们通过市场经济改善生活；而且抢占风景资源、与民争利（暂且不提大兴土木、胡搭乱建造成的破坏）的有关部门又能得到什么好处呢？美丽风景，作为大自然的馈赠，作为原住民的生产生活资源和世代守护的家园，就这样在非正常市场的商品化过程中被消耗、浪费，真是令人痛惜惋惜。

　　这是在风景的路上对读哈耶克著作的实际体会，记于此。

2014 年 8 月 27 日

时过境未迁——还是关于路上的风景

草原天路上的思考

　　利用周末与朋友一家一起自驾走天路。正赶上免收门票、开关撤卡的 5 月 21 日。自崇礼县进草原天路东口，出位于张北县的西口，一路走来，心旷神怡。当地与北京差了一个季节，草原刚刚泛绿，农民耕种正当时。

　　从路旁的农地、村庄、房舍、村民来看，当地还不富裕；村子里基本上没有接待旅游者的条件,谁都知道,

仅仅靠种地只能保证温饱，挣不来钱。

　　途中小憩，与两位牵马载客的中老年农民聊天。其中那位中年（51岁）者说："昨天有俩石家庄来的后生，在我们家吃了顿饭；他们是卖汽车的，说你们吃啥就给我们做啥吃。就给他们做一盆鸡蛋，炒蒲公英野菜，苦lier（发音如此，不知是什么）。问多少钱，我说你们看着给就行。你猜他们撂下多少？"

　　老年农民（78岁）说："一百还不到头了？"

　　中年农民："撂下五百，哎呀，太多了，咱还不敢收。"（朴实地笑）

　　我："他们吃高兴了呗。"接着问两位村民："你们村子有多少人，除了种地还干什么？"

　　回答："一百多人，年轻人出去打工了；主要是去北京、大同。像我们这老的就干点这个（指让游客骑马，羊拉车），游客很少，今天就还没开张呢。"

我："今天开始就不收门票了，游客就会多起来的。如果你们除了种地，在这沿途一百公里路上搞些餐饮、住宿、交通、娱乐，卖点土特产（主要是莜麦、胡麻油、蘑菇等），不是能挣些钱吗？"

中年村民："那当然好了，那农民不就富了，可他们就不愿意让农民富。"

说得多清楚啊，村民其实啥都明白。说到底，政府的职能应该是提供公共服务和依法管理，而不是自谋其利，更不能与民争利。

（前两年写过《路上的风景归谁所有》一文，时过境未迁。）　　　　　　　　　2016 年 5 月 23 日

17. 途中短记——农民都知道，是制度腐败

　　九月，川藏线进，去了墨脱（中国最后一个通公路的县）；滇藏线出，经德钦梅里雪山（连日阴雨未见真容）来到云南大理。一路风尘仆仆，满车泥土，在路边随便找了个洗车铺洗车。等待期间，偶遇一伙卖砖的当地农民，一排装满红砖的拖拉机停在路边，他们就坐在洗车铺的板凳上抽水烟，等候生意，于是我们坐在一起聊天。

　　一位比较健谈的中年人坐在我旁边，我问起了卖砖的生意如何，他回答："不好卖，把砖运到城里来卖，一年最多能收入个三、五万；但不卖砖，靠种地根本无法生活"。我问：种稻谷不是有国家补贴吗？答："那点补贴还不够化肥涨价，根本不算什么。"

　　我说：什么时候都是农民最苦，农民是社会的最下

层。他接着叹到："从来是农民最苦，哪朝哪代都是，不把农民当人"。接着说起了大理要开发高尔夫球场，征用农民的土地，一亩地才补贴 3000 元，够干什么？一河之隔的两片土地补偿却不同，农民为此抗议、上访，都没有用，还被抓进去十几个。哪有道理可讲？

后来说到了当下的反腐败：我说，那些国级、副国级官员的贪腐数字能把老百姓吓死；他说："现在这样的反腐败有什么用？**哪里是官员腐败，分明是制度腐败。**制度订好了哪个敢腐败？哪个又能腐败？"我：您说的对啊！贪官们把房子、票子、老婆孩子都放在国外，却说中国制度最好。他："这些我们都知道，都是 XXX 的宣传。"

谈到这里，我仔细打量了一下谈话对象，他身材不高，面色黢黑，非常普通，混在人堆里也挑不出来，唯双目炯炯有神，面有苍凉之色。我问：您读过几年书？经历过不少事情吧？他回答："我只读到初中；但什么事都经历过。出身不好，成分高，属于地富子女，受尽欺负；我祖父没活过集体化时期，父亲也一直受苦。改革开放了才好一些。……"

半个小时过去，车洗完了，我向他道谢、挥手告别；

心里却不能平静。"**哪里是官员腐败，分明是制度腐败**"，普通农民都明白的常识和道理，为什么许多官员、专家、学者却不懂呢？亦或是假装不懂？

2014 年 9 月 23 日行于云南大理

2014 年 9 月 24 日记于贵州遵义

18. 秸秆禁烧与口号治国

行走东北大地，经过广袤的产粮区。深秋之季，庄稼一片金黄，麦浪滚滚，喳喳作响，收获的时节到了，庄稼秸秆的处理成为重要事项。在黑龙江省从鸡西到穆棱的 206 省道上，沿途道路两侧都可以看到许多禁烧秸秆的宣传横幅，这些标语挺有意思，突出地体现了某种治理特色——口号治国。我沿途观察记录了一些，可大致分为以下几类：

倡导型，这一类型是正面宣传，倡导农民担负起责任义务。例如："禁烧秸秆是国策"，"禁烧秸秆有利于环境"，"禁烧秸秆是每个公民的义务"；还有"禁止焚烧秸秆，留住绿水蓝天"，"严禁焚烧秸秆，净化生态环境"，"响应政府号召，坚决不烧秸秆"；……

威慑型，这类带有警告性质，主要是为了起到威慑作用。例如："有烟必查有火必罚有灰必究"；"谁家地里冒烟 直接把谁收监"；"焚烧秸秆造成重大损失的 处三到七年有期徒刑"，"焚烧秸秆者罚款五百到两千元 拘留五至十五天"，"秸秆利用能挣钱 秸秆焚烧要罚钱"；……

诅咒型，这类标语就比较厉害了："烧荒烧地烧秸秆害人害己害子孙"；"谁用秸秆谁受益谁烧秸秆谁受罚"；"蹲到地里点把火 拘留所里过生活"。

分析完标语口号的类型，还可作进一步思考：

在传统农耕社会中，农作物秸秆的消化可能根本不是什么问题，秸秆可以用作燃料，烧火做饭取暖，可以作为饲料喂养牲畜，可以还田用作肥料，可以用作建筑材料，可以编织成各种手工业品……，称得上是不可多得的好东西。这在 1980 年代之前是农业生产过程和农村生活的常态。在工业化时代也可用于发电、提炼酒精、造纸等等。秸秆的大规模剩余，只能通过焚烧来处理是现代农业面临的问题。焚烧秸秆对造成雾霾污染空气究竟有多大影响，仍需科学的测定和判断；我们姑且认为其确实为主要污染源之一，但是解决此问题仅仅是农民责任吗？仅仅靠罚款、拘留、判刑就能从源头上制止焚烧秸秆吗？

现实中，农民烧秸秆有其不得以而为之的理由：增加土壤肥力，减少病虫害。例如，淮北一带的冬小麦产区，小麦收割之后一般接着种植玉米和青豆，两季庄稼之间，最多只能间隔十天到半个月。不烧，后一季的庄稼就种不到地里去，在节气面前，高压手段也难有显著效果。[1]

通常情况下，专家提倡的秸秆利用方式有两种，一

---

[1]参见 https://www.zhihu.com/question/36700889

是还田，就是用粉碎机将秸秆粉碎，再翻耕到地里；这种方式虽然可将秸秆消化为肥料，但若过多易导致土壤过于松软，还会造成耕地的过营养化，所以一年最多只能消化一季庄稼。二是离田，就是将秸秆用打包机打包运离田间，卖给相关企业用作其他生产原料。无论秸秆还田还是离田，都需要一定的成本，也需要相应的技术和程序，将其全部加在农民头上，一句"严禁焚烧"了事，显然既不现实也不合理。秸秆堆积不许烧，你让农民奈何？

近年来，各地都有因禁烧秸秆不力被处罚的干部、农民，例如，河南10多个县政府主要负责人被集中约谈，某县因此被处以2000万元经济处罚，地方官员部署警力来遏制焚烧秸秆，单是在周口，就有500多人因焚烧秸秆而被拘留，更多的人被警方告诫。黑龙江省也有农民因焚烧秸秆被行政拘留。[2]

关键问题在于，城市要蓝天白云，却让农村为此做贡献；上面只发号召、打横幅、呼口号，实际的费用、技术、人力却只让基层和农民投入，这如何能够真正解决问题？

---

[2]参见
https://www.chinadialogue.net/article/show/single/ch/8251-China-s-clampdown-on-stalk-burning-shows-limits-of-command-and-control,
http://view.news.qq.com/original/intouchtoday/n3725.html

治理之事，道理相通；秸秆如此，其他亦然。

2018 年 10 月 13 日

19. 买菜刀记

早就听说买刀实名制了，开始总难以置信，觉得难免是为吸引眼球的夸张说法，直到自己亲历买刀过程。

与小区仅一路之隔，一座大型综合购物商城建成开张了。大概为了招徕顾客消费，凡购物满一百元即可获一枚小花印章，积累四枚即可以优惠价换购德国品牌 SUS 刀具一把，主要是因为购物的近水楼台，很快我便有了五枚印章，于是兴冲冲前往换购。

购刀处在卖鞋子、箱包的柜台（感觉有点奇怪哦），前往一问，售货员说："你先看样品看好了要哪一种。"

我东张西望左顾右盼："在哪看啊？"

员："绕到柜台侧面，有样品。"

我绕过去一看，问："纸的啊？实物呢？"

员："你看好要哪一种才能拿实物上来；还有，你带身份证了吗？"

我："谁出来散步还带身份证呢？"

员："那可不行，下次带身份证再来买。"

我："报身份证号行吗？"

员："不行，（遂拿出一本子给我看）你看这是登记薄，要登记身份证号、实名、电话号码，这本子公安局要定期来收的。"

我："那消费者嫌麻烦直接去超市买，也要如此登记吗？"

员笑了，说："超市嫌麻烦，早都不卖刀具了。"

我：……

相隔数日，带了身份证又去买刀。

售货员问："买哪一种？"

我："费了这么大劲，买最大的，菜刀吧（其中最小的水果刀还没一手掌大）。"

售货员于是叫了专门负责销售刀具的人上来，完成各种信息登记后，我遂成功购得菜刀一枚（如图）。

拿着菜刀出来，有点恍惚，不免思忖：今夕何夕？

此朝何朝？我们不是早已进入 21 世纪了么？当下不是大数据时代了么？国家不是早就有了原子弹和数不清的高科技武器么？为什么对菜刀这类"冷兵器"……错！是日常生活用品如此严加防犯呢？此时脑海中隐隐出现了古代战场上的刀光剑影，弓、弩、枪、棍、刀、剑、矛、盾、斧、钺、戟、殳、鞭、锏、锤、叉、钯、戈，十八种兵器中似也没有菜刀什么事。

　　呜呼！怕什么？为何怕？制造恐惧使人们生活于其中者，自己也只好生存于恐惧中。

　　　　　　　　　　　　　　　　记于 2014-8-30

20. 年关 [微小说]

说到年关，脑海中很容易出现"旧社会"、"解放前"的情景，杨白劳、喜儿的形象。这里都不是，这里要说的是互联网、大数据时代的丙申年——2016年。

春节临近，学校放寒假前最后两天。小雨觉得要疯了，她说自己都想跳楼了。作为系办公室的主力工作人员，她面对着一大堆都是餐费的财务账单眩晕着。同时眩晕的不只小雨，还有全系承担各类课题的教师们，尤其是课题多事项多的领导同志。

反腐大旗高高飘扬，既打苍蝇又打老虎的强劲东风在第一时间吹到基层。远有某省某县某乡某村的村干部发放过节费每人800元、共计7200元的腐败行为被揭露，并受到严肃惩处；近有本院每年三八妇女节给女教师发些洗发水一类的以表慰问的做法被制止。年前已经有数次通知严正下达：要求教师们自查小金库；还要求上报在校外兼职的情况等。

这一次下达的要求是，所有承担课题者，须将以往已报销课题费中的餐费重新进行核查，按照最新出台的要求提供明细清单，具体计有：

新的用餐标准为50元/人（外宾稍高，但不知高多少），超出部分要以现金方式退回；

凡工作用餐（主要用于校内人员）须提供清单：吃饭的有谁，为什么吃，申请和批准的院领导审签单（副院长签字）；

凡接待用餐（主要用于校外人员和外宾）须提供：接待的人是谁，陪同者是谁，为什么吃，申请和批准的接待用餐审签单（副院长签字）；邀请校外人员的邀请函或由对方提供的介绍信；外事接待需有外宾本人的护照签证复印件；

2014 年 11 月有关餐费报销的规定改了一次，这个时间之后发生的餐费要附人员清单,但无需院级审签单；由于 2015 年 3 月 31 日前还可以报销 2014 年的发票,所以 2015 年报销的 2014 年 11 月之前发生的餐费是不需要清单的，这意味着，按照刚下发的新规定，要为 2014 年 11 月以来的餐费报销凭证补办上级审签单,并为之前没有清单的餐费报销凭证补齐所有材料。(听懂了吗？晕倒了吧？)

这一工作程序是按照财务处发来的列表，先到财务处拍摄相关发票，对照发票回忆并列出满足上述要求的清单，并到学院补上有关领导的审签单。如此，2014 年 11 月以来的餐费笔数多的教师查对补办的工作量就很大，特别是难以清楚地记得过去几年中每次吃饭的具体情况。

李教授收到的财务列表仅有三项，她觉得如此补办无异于系统严肃、一丝不苟地造假，对人格尊严是一种损害。于是决定将餐费全部退回财务，简单利落。

孙教授和王副教授也同样办理。

但是作为领导的张教授（主任）、郑教授和钱教授就不能这样了，领导的工作和接待自然多，餐费也多，对已经成为过去的每次吃饭的人员、人数、事由进行回顾、核对、补办手续繁琐无比，令人头大。而这些领导的工作是需要办公室人员具体来做的，这就是小雨们深感崩溃的原因。

忽然就想到学院负责签用餐申请单的领导也会感觉崩溃的吧？因为是为已经吃过的饭审批签单。还想到前些年教育主管部门以近乎运动的方式进行的本科教学评估，各校各级领导和师生全力以赴地应对，教案、考卷、论文等的再造过程。[1]

---

[1] 曹卫国：本科评估已经沦落为烧钱游戏、造假游戏。如有些涂改过的试卷或者当时批改得比较松的试卷，要重新"评阅"，几年前的试卷都泛黄了。为了做到这一点，先是在试卷上洒水，然后拿出让太阳暴晒。但这样做的效果并不理想，后来有人介绍经验使用高压锅压，于是有些教研室就特别添置了高压锅，效果确实明显。有些单位把早已淘汰的手工打字机找出来，再弄些发黄的纸张，制造"新

　　事情是如此荒谬，现实比虚构更离奇。放假前的最后一天，大家在办公室议论纷纷，抱怨不断。人们的感觉是吃惊，烦躁，愤怒，有人说反腐一把手要亲自带队来学校巡视了，……。

　　这个年，过不好了。

2016 年 1 月 23 日

21.　紫金《乡愁》系列采访

Q1：郭老师，您好，非常感谢您接受紫金传媒智库的专访。每逢春节前后，中国人都会开启全球最大规模的"迁徙"行动，让整个世界为之瞠目结舌。从 2015 年开始，紫金传媒智库都推出"紫金乡愁系列访谈"，虽定位"乡愁"访谈，我们并非只局限这一话题，而是希望能从您的访谈中，获知这种流动的意义和内涵，窥探转型中的中国社会。在您看来，数亿人不辞辛劳不远千里穿越重重困难渡过重重劫难返乡又返城，究竟是为了什么？中国人为何如此眷恋家乡？

回答：岁时年节，阖家团聚，本是人之常情，也是人伦礼仪，谈不上是"困难与劫难"，也并非只有中国人特别眷恋父老乡亲、故乡家园。但是持续了三十多年的春运却是中国社会的独特景观，数亿人不辞辛劳不远千里奔波于城乡之间，有关部门高度紧张如同打仗，人们甚至谈春运色变，不仅火车、汽车满载，由农民工组成的摩托车队冒着严寒上路也牵动着许多人的心。这些都是构成乡愁的重要内容吧。

　　这种候鸟迁徙般的大规模流动现象来源于超过 2.7 亿农民工的存在。[1] 以外来务工者为主体的流动者的困境当然不止表现于春运。所谓"乡愁"也相关于农村的留守儿童、留守老人、留守妇女，也体现为农村的凋敝趋势。

　　农村劳动力人口外出打工，是以生存需求、生活改善为动力的，是农村发展和城市化的必然趋势，然而相关的制度与政策安排却未能适应这一重大历史进程的需要，未能提供相应的保障。我们暂且不提始于上世纪 90 年代的老一代农民工的流动，仅以新生代农民工为例：所谓"新生代"并非仅仅是年龄或代际概念，而是揭示了一种新的生产关系和新的身份认同交织在一个"世界工厂"时代的劳工群体。与其父辈相比，其自身鲜明的特点折射出"新生代"作为制度范畴，与乡村、城市、国家、资本所具有的不同于上一代的关系。他们受教育程度较高，同时较少乡村生产劳动的经历，他们在城乡之间选择了城市生活方式，他们不愿认命，有着更强烈的表达利益诉求和对未来更好生活的要求。而他们所面临的似乎无解的现实悖论却是融不进的城市，回不去的乡村。

　　难以化解的矛盾表现为新生代与旧体制之间的冲突：

---

[1] 参见 http://www.gov.cn/xinwen/2015-04/29/content_2854930.htm

"旧体制"是指自改革开放以来形成并延续了 30 年之久的"农民工生产体制",其中一个重要的面向就是"**拆分型劳动力再生产制度**",其基本特征是将农民工劳动力再生产的完整过程分解开来:其中,"更新"部分如赡养父母、养育子嗣以及相关的教育、医疗、住宅、养老等保障安排交由他们所在乡村地区的老家去完成,而城镇和工厂只负担这些农民工个人劳动力日常"维持"的成本。[2] 这种特色体制造成并维持了农民工融入城市的困境,以及与之相伴的留守的儿童、老人、女性的悲剧和每年春运的重重劫难。可以说,如此"眷恋"如此"乡愁"是人之常情,也是制度使然。

今年是中国改革开放 40 年了,而这么多年来形成的两代农民工的问题仍然没有从根本上得到解决,这是乡愁,也是国愁。

Q2:您曾经在论文《世界工厂的"中国特色"——新时期工人状况的社会学鸟瞰》中提到,长期以来的户籍制度确定了我国农民、农民工的"二等国民"的身份地位。在 2017 年年底,京沪等一线城市的大城市病非常严重,

---

[2] 清华大学社会学系"新生代农民工研究课题组:困境与行动——新生代农民工与"农民工生产体制"的碰撞,《清华社会学评论》第六辑,2013 年。

人口多、交通堵、空气差，当地提出了人口控制和疏解的政策，并设立了严格的人口红线，绝大部分外来务工人员只能选择返乡，网络上称之为"驱逐低端人口"，印证了农民工的"二等国民"的提法。在您看来，这些驱逐行动究竟能带来什么？

回答：这个问题与前一个有关。2017 年底发生的所谓"驱逐低端人口"事件（这个词带有极强的贬义，最好不用）针对的主要是外来务工人员。控制和疏解人口的政策并非近年才出现的，而是有着超过半个世纪的历史，一直伴随着中国工业化城市化的曲折进程。今日的乡村困境与城市困境实为这一过程的一体两面，先来看农村：在中国语境下，所谓乡愁，既有人们对故土田园生活方式的怀念，更有对农民困境和乡村凋敝的担忧。谈到今日乡村人们时常将其困局归因为农村人口向城镇的流动。农村问题越来越突显，而且似乎的确是伴随着城市化进程而出现的。但如果我们将眼光放长远一点并用结构性视角去看待分析这些问题，就无法回避这样的思考：今日乡村的困境包括老年人自杀率上升、儿童认知能力偏低[3]、农村女性的不堪重负、村民家庭生活不正常等等，

---

[3]美国斯坦福大学教授罗斯高（Scott Rozelle）研究团队，"农村教育行动计划"（Rural Education Action Program，REAP）见

仅仅是由于人口流动、青壮年劳动力外出打工造成的吗？

相较于其他国家的城市化过程，中国所面临的现实是**农村趋于凋敝，而农民却并未"终结"**。农民问题在中国社会转型过程中是最沉重也是最严峻的问题，

人们常说，中国的问题是农民的问题，意为农民、农村和农业是中国社会转型中最大最难的问题；人们也常说，农民的问题是中国的问题，这并非同义反复地强调，而是说所谓三农问题仅仅从农村和农业着手是无从解决的，农民问题是全局性的而且必须在整个社会的结构和制度变革中去思考和解决。

从中国农民的结构位置看，农民在历史上一直处于被剥夺的位置，在特定时期甚至被剥夺殆尽。长久以来，他们总是社会变革的最大代价承受者，却总是社会进步的最小获益者，其二等国民的待遇勿庸讳言。而农村一直是被抽取的对象——劳动力、农产品、税、费、资源（土地）。如同一片土地，永远被利用、被开采、被索取，没有投入，没有休养生息，只会越来越贫瘠。不难看出，农村今日之凋敝，并非缘起于市场化改革后的劳动力流动，农民作为弱势人群的种子早已埋下：传统的消失，

https://theinitium.com/article/20161206-dailynews-china-western-children/

宗族的解体，信仰的缺失，地方社会之不存，因而无力疏解和抗拒权力的重压，这些在半个多世纪之前已经注定。

再来看城市，城市化问题与农村问题有关，也和农民工困境有关，而且是制度性困境。这些困境迫人思考的问题是：什么是真正意义上的城市化？到底是谁的城市化？城市化的本质是什么？政府主导的城乡一体化格局如何实现？显而易见，只要人手不要人口，只要劳力不要农民的城市化不是真正的城市化和现代化。进入城镇工作和生活的农民，如果不能真正融入城市，成为与城市人享有同等权利的社区公民，怎么会有真正意义上的城市化？怎么能有正常的城市生活？试想相当于甚至超过城市居民人口数量的外来务工人员却不能在城市安居乐业，不能有正常的家庭生活，不能获得医疗、养老、子女教育等社会保障和公共服务，一些职业不对他们开放，年节还要奔走于城乡之间，城市生活和城市的发展又何以可能继续？城市居民的生活又何能不受这些"不稳定因素"的影响？

北上广深等超大型城市的情况会有些不同，由于人口聚集、城市如同摊大饼一般地扩张，人们担忧于严重的"城市病"。所谓城市病的症候通常表现为"人口众多、交通拥堵、空气污染"、以及治安、消防等方面的问题，但如果细想一下，这些问题都是农民进城造成的吗？从世界范围看，北上广深在人口密度排序上虽相当靠前，但仍次于不少大城市；[4]而且人口并不一定是城市病的主因。比如交通问题，以北京为例，数量庞大的外来务工人员大多工作居住在城市边缘，即所谓城乡结合部或者"城中村"里，他们若是出行，多会乘坐地铁、公交等公共交通工具，私家车与他们无缘，官车更是不相干；所以交通拥堵不可能是他们造成的。至于空气质量、雾霾等问题，当然不是来源于他们多喘一口气所致。治安与消防等问题同样不是缘于人口，而是管理者及城市治理的问题。

清理外来人口的整治方式是运动式治理，背后的思路是计划经济思路。众所周知，城市的存在如同自然生态一样也是一个复杂系统，城市生态本是多元的、互动互构的、合作共存的。不同阶层的人们生活于城市，在经济活动和社会生活中相互需求、相互配合也互相博弈，

[4]参见：
https://zh.wikipedia.org/wiki/%E5%85%A8%E7%90%83%E5%9F%8E%E5%B8%82%E4%BA%BA%E5%8F%A3%E6%8E%92%E5%90%8D
http://www.mafengwo.cn/travel-news/220751.html

构成了城市的生态链。谁都不可能孤零零地生活在城市，无论哪个端的人口都无法单独存在，清理了低端，必然波及中端、高端，最后城市生态恶化，大家都过不好。

面对多元复杂的城市生态，计划经济思路是行不通的。一如经济活动，再聪明理性的大脑或智囊都无法做到了解一切、调度一切、掌控一切，那是不可能完成的任务。对于外来务工人员，简单地赶走并不是"城市病"的对症药方，也无法解决城市化过程中的种种问题。更何况，城市建设需要时要他们召之即来，感觉城市拥挤时将他们挥之即去，公正与道义又在哪里？

Q3：您也提出，要改变中国农民及农民工的"二等国民"地位，要靠他们自组织的力量和社会的力量，在去年下半年这场"驱逐低端人口"的行动中，您是否发现这种力量的诞生？

Q4：除了农民及农民工自己的抗争，我们的国家与社会在制度上如何保护这些人（外来务工人员）在大城市最基本的生存权益？

（Q3、Q4 一并回答）

长久以来，中国农民被视为有着"贫，弱，私，愚"特性的一盘散沙或一袋马铃薯，这种状态是确实存在的，正如费孝通先生所概括的"我们的民族确是和泥土分不开的了。从土里长出过光荣的历史，自然也会受到土的束缚，现在很有些飞不上天的样子"（《乡土中国》）。承认我们的国民性特点的同时，更要思考这种"土气"是如何形成的。毋庸讳言，制度安排与政治文化传统是造成农民乃至整个国民一盘散沙状态的根本原因，更准确地说，是制度、文化与人性的互动互构、交互作用形成了今日的民情。

就农民的组织性来说，从来缺少以其自身为主体的自发组织，而不缺少被组织、被动员、被运动。这种被组织的形态可以是"合作社"、初级社、高级社，最极端的时期是人民公社，也可能是改革开放后的南街村、华西村等等。中国农民并非天生的散沙或马铃薯，是长久以来的政治文化传统禁锢了他们的社会性空间和社会活动能力，限制了他们组织集体行动与社会运动的可能性。以这次"驱低（驱逐低端人口）"事件为例，被清理被驱赶者只能选择要么拉家带口地离开，要么搬迁到更远的城市边缘，甚至还有少数人一时难以安顿而在寒夜中露宿街头；实在是抗争无力，哀告无门。虽然有一些个人，机构和 NGO 组织在当时及时伸出援手，但由于存在信息不对称特别是有关部门的打压限制，也未能达到社会力量的联合与互助。

我曾经说过,经历了长久的城市与农村的分隔状态,所谓城乡二元已经不止是一种社会结构,而且成为一种思维结构。剥离了农民的权利所进行的城镇化,是缺少主体及其自主选择权的城镇化。在这一过程中,农民的权利被忽略或被轻视,农民被作为丧失了主体性、自己过不好自己的日子、不能自主决策的弱势群体,这是制度使然,也是观念使然。解决农民问题,推进中国的城市化、现代化进程,必须给农民还权赋能(empower),即还他们本应具有的生存权、财产权和追求幸福的权利。换言之,避免一些底层群体的悲剧,走出农民和农业的困境,避免乡村社会的颓败之势以及大城市病,需要制度层面的变革,须有保证全体国民包括农民在内的公民基本权利的制度安排。

Q5:随着城市化进程的加快,大城市集聚人口的效应持续加强,但也有一些"新市民"选择返回家乡就业甚至创业,逆城市化、乡村复兴也成为热门话题。在您看来,乡村振兴或者说乡村复兴的关键点在哪里?

回答:所谓乡村振兴或乡村复兴、或者之前所说的"新农村建设",关键点就在前问所说的给农民还权赋能——实现和保护农民作为同等国民即公民的基本权利。

首先必须明确农民作为乡村社会与乡村发展之主体

的地位。农村的困境恰恰在于长时间以来，农民的主体
地位被剥夺、被侵犯、被代表，成为被动的客体和对象，
失去了自主选择和自发组织的可能，无法主宰自己的命
运。其实农民的弱势地位、底层状态并非由于他们天生
低能、无能，不会为自己谋划、过不好自己的生活；其
状态是制度性弱势，是城乡二元的制度安排造成他们的
结构性底层位置。尤其应意识到，无论执政者还是研究
者,或者媒体人都不能做农民的代言人，更不是救世主，
不可取代农民的主体性。

　　农民本应享有与所有人一样的公民权利，而这权利
最根本的就是明确的、完整的土地产权。经济学家周其
仁曾明确指出,"国家保护有效率的产权制度是长期经济
增长的关键。但是，国家通常不会自动提供这种保护，
除非农户、各类新兴产权代理人以及农村社区精英广泛
参与新产权制度的形成，并分步通过沟通和讨价还价与
国家之间达成互利的交易。中国的经验表明，有效的私
产权利可以在原公有制的体系中逐步生成"。[5]农村问题
专家史啸虎也针对农民土地权利的困境提出看法:"一再
强调的土地所有权能不能交易问题，那也只是表达了某

[5]参见周其仁: 中国农村改革: 国家与土地所有权关系的变化——
一个经济制度变迁史的回顾
http://www.aisixiang.com/data/16071.html#

种意识形态所需要的特定的法律限制，而不是土地所有权的真正内涵及其市场价值所在。因为在世界上的绝大部分国家，土地所有权的价值都是可以并且必须通过市场交易来体现的。根据国际惯例，土地的所有权包含有三种基本的权利，即除了所谓的使用权——在我国则称之为承包经营权之外，还包含有土地的发展权和土地的生存权"。[6]

还农民土地产权，保护其土地所有权，让农民拥有实实在在清清楚楚的财产权，他们在此基础上方可自主经营，自由交易，自愿合作。无论农民选择进城还是留乡或返乡，前提是他们必须成为公民，与城市人一样享有公民应有的公民权利，即包含基本人权、政治权和社会权在内的权利，这些权利应当受到宪法和法律的保护，这一点与城市居民并无二致，而这也是解决整个中国转型问题的根本所在。

Q6：我们知道您最近在做 20 世纪下半期中国农民

[6]参见史啸虎：农村农业土地产权制度的改革——农村集体土地产权制度改革路径之二
https://mp.weixin.qq.com/s?__biz=MzU4OTEwMzg3Ng==&mid=2247484491&idx=1&sn=c25947bce76db86903ebb638a032d9ac&hksm=fdd3d220caa45b3649382ac3f513dd5ee6e488769b46b702ecaa3f7ae3210b07574cc9278455&mpshare=1&scene=1&srcid=0125BvdT7wkJUxGsRhMBYA2P&pass_ticket=SHmKxbeTaFAlSVQiwovkasa%2BUgw4pJgXKKbVxpc77i2LBiyb4cyZOj%2BJHwjRoy91#rd

口述历史的收集和研究工作，您指出，在长期从事口述历史研究的村庄里，农民称自己为"受苦人"，而每个农民个人的苦难历史又构成了整个中国社会的历史。您在对这些"受苦人"的研究中有哪些感触？中国农民苦难有哪些（可能并非是每个中国人都知道和理解的）？

回答：20世纪的后半叶是中国历史乃至世界历史上都堪称独特的时期。在一系列动荡和革命的交叠中，中国社会发生了深刻的变化，中国乡村从传统走向现代，普通农民经历了天翻地覆的历史变故。记录和研究这样一段非同寻常的历史，已经积累了许多以文字方式呈现的官方正史和文献资料，但是关于普通人特别是普通的乡下人是如何经历和表述这段历史的记录和研究却相对空缺。而没有民间资料的搜集、积累和分析，对这一重要历史时期和社会变迁的理解就不可能是完整和正确的。我们的搜集与研究正是对这一时段普通人日常生活的历史和表述进行记录和分析的努力与探索。

在乡村做调查研究时，面对那些普通的农民，我不时地感到庆幸，试想如果我生长于这样的乡野山村会如何呢？我们恐怕没有能力比这些再平凡不过的村民村妇们生活得更好。他们所具有的岂止是生存能力、简直可以说是生活智慧，用以应对艰难的境遇。他们面对日常生活中的种种苦难，须调动全部的勇气、能力和智慧，在其中求得生存。

"受苦人"一词并不是研究者对研究对象冠以的名称，而是当地农民的自称。在陕北骥村及其所在的整个地区，"受苦人"是对从事农业种植业者的称谓，而且这一传统类称一直沿用至今。农民日常生活中的疾苦表现在方方面面，我们接触过的大多数村民都将自己归进"受苦人"的行列。回忆起过往的生活，似乎每一个被访问者都有说不完道不尽的苦痛。生活中种种的压力、困窘和不适体现为贫穷之苦、劳作之苦、家庭关系和婚姻关系之苦、性别区分甚至身体残疾之苦，而饥饿是苦难最突出的表征，这类痛苦的记忆在骥村人的讲述中从能够记忆的年代起一直持续到改革开放。

日常生活中的苦难似乎总是弥散的、难以归因的，村民也时常归结为"命苦"——生在乡村生为农民。这种对苦难缘由的宿命论观点在国家意识形态灌输过程中有所改变。由国家主导的、以革命运动的形式推进的社会工程和社会试验带来乡村社会的改变，也带来普通农民生活和命运的变化。革命的过程被宣传是解除苦难的过程，然而所谓救苦救难的革命也带给农民同样或不同的苦难感受。在倾听普通农民对其经历的近半个世纪时光的讲述中，感触最多的仍是苦难——浓重的苦难，日复一日持续的苦难，被屏蔽遮掩的苦难，让人日久而麻木的苦难。

农民口述的历史讲述了在苦难中挣扎的历史，而正是在此意义上，底层人民创造和推动了历史，因为他们除了在苦难中生存别无选择。

人们常说苦难是人生的财富，我觉得这要看我们如何对待苦难。如果苦难被遮蔽被遗忘甚至被美化，它又如何成为财富呢？苦难不被讲述，不被记录，不被思考，不被记忆，如何成为财富呢？苦难如果不能进入历史，苦就白受了；而且对苦难的错误归因还会导致悲剧重演，使苦难再度降临。就此而言，农民所承受的苦难应该被整个民族记取。苦难若能进入历史（被讲述和被记录），苦难就有了历史的力量；揭示出苦难的社会根源，苦难便不再仅仅是个体的经历和感受，而是具有了社会的力量；去除了先赋性或宿命论的迷障，揭示苦难的根源，苦难就会有颠覆的力量、重构的力量、获得解放的力量。

2018 年 1 月 26 日

http://www.zijinmtt.cn/cn/fangxiang/difangzhengfujianyanxiance/2018/0223/519.html

22. 方言不土（代后记）

作为长期研究农村、农民的学者，我在陕北农村做田野调查断断续续超过 15 年时间。从开始的听不懂方言到逐渐能听懂大半，再到能和村民顺畅地"拉话话"，我慢慢喜欢上陕北话，而且发现其中不少有趣之处。我不是语言学家，无法做学术性探究，只把自己觉得有意思的**陕北话**做些简单记述。

从事人类学田野工作，初到一地，最先遇到的总是语言交流上的困境。学好方言，成为研究者的第一门功课。

通常一种地方话中最容易引起注意的是那些骂人话（想起一些学外语的朋友常常从学骂人话开始，大概因为文化其实就在处理凡人琐事、人际关系当中）。此处为语言文明之故，不选取村民常说的那些 Fxxk 级别的脏话。

骂人话

盖佬，意指被"戴绿帽子"者；我觉得这里的盖是指乌龟的盖，有缩头乌龟的意思；

黑皮（发音 hepi），指流氓匪类，遇到不讲道理之人就说你个"黑皮"；

野鬼，应为本义，孤魂野鬼，无人祭奠的死者；骂人野鬼是指没教养缺管束之人；

混种子，这个好理解，杂种之意；

瓷脑，常用以形容一个人愚笨、头脑不灵光；

儿，形容不懂事，不通人情，说某某人"可儿了"就是指其横行霸道不讲理；

八成，意为头脑不精明，糊涂，"半吊子"；

怂，在陕北话和关中话里都常用，如哈怂（坏、淘气），呆怂（呆傻），瓜怂（笨蛋）

草鸡，胆怯、害怕、认怂；

那入的（近乎英文 rude 发音），就是那驴日的（吞音了）；这是个地道的骂人话，但现实中却常常并不带有骂人意思地使用，比如一村妇说到自己儿子："那入的不晓得哪去（ke）了"。

文雅古语

人们通常认为这些骂人话多是下里巴人——村民村妇所用。在通行普通话的城市人心目中，方言即为土语，属于鄙、俗范围。但实际上，稍加注意，会发现陕北话中许多不同于普通话、不太好懂的言词竟多沿自文雅古语。我查找与方言对照的文字时，经常在《辞海》中都找不到，得到《词源》中去寻。试举几例：

星星，叫"星宿"（发音 xingxiu）；夜晚看到满天星星，说"星宿赶稠"；

乡亲，叫"乡党"；

完成，说"毕"，吃完了说"吃毕了"；

可怜，叫"凄惶"；

打算，叫"谋虑"；

闭嘴，说"悄声"；

现在，叫"迟刻"；

不懂，叫"解不下"（发音 haibuha）

拿，叫"荷"；

说话，叫"言传"；

头，叫"首"；外头叫"外首"；

高粱，叫"秫黍"；

牲口，叫"牲灵"；

公羊，叫"羯羝"；

还有很多很多，不胜枚举。这让人不禁连想：方言土吗？村语俗吗？所谓文野之分、雅俗之别是不是正好颠倒过来了？无独有偶，在陕北做田野调查三年后，当我能用本地语言和村民、村妇拉话时，他们一致称赞到："郭老师，你现在说话不糙了"。哈，原来我的普通话和不够地道的陕北话在村民眼中才是"糙"的、"土"的。由此可见，和自己母语不同的说说话方式才是"土"、"糙"，人同此心，心同此理。

生动传神

任何一地的方言都是当地生活世界的表达，最能体现地方文化的特点。骥村地处黄土高原丘陵沟壑区，峁梁沟谷交织，山地贫瘠苍凉。这里的人们说话声音沉厚，后鼻音较重；而在黄土高坡上唱起信天游来，都是吼出来的，与黄土一般厚重。陕北方言的表达很有陕北人的性格，音色浑厚，直抒胸臆，直达现实。例如：

父亲称作"大"，自是一家之主，家中老大；

叔叔叫"二大"；

爷爷称 Yaya；

奶奶称 Niania；

未婚女孩叫"女子"（重音在女字上）；

已婚女性叫"婆姨"；

生病说"难活"；

漂亮叫"拴正"；

排挤叫"刻薄"；

大哭说"嚎起"；

节俭叫"细份儿"；

好友叫"拜石"；

不新鲜叫"死蔫"；

全部叫"一满"；

窑顶叫"脑畔"；

智障叫"憨憨"；

口吃叫"结卡"；

帮忙叫"相伙"，

热闹叫"红火"，

打架叫"鏖战"、"斗阵"；

陕北话常用叠音词，特别生动传神，比如：红个彤彤；蓝个莹莹；绿个茵茵；白个生生；笑个盈盈；新个崭崭；苗个条条；……形容女子漂亮说"俊个蛋蛋"；说某人身材矮胖，就说"猴胖个蛋蛋"。形人状物，堪称形神毕肖、活灵活现。

初到一地，遇到语言交流的障碍几乎是必然的，闹出尴尬也不奇怪。记得一次和同事正在村（骥村）里转悠，听闻村里的老会计（六十年代的初中毕业生，我们最重要的资料提供人）病了，于是赶紧"杠"（gone）到他家里。一进门，只见五十多岁的汉子捂着胃部疼得哭爹喊娘。我们赶紧拿出胃药和止痛药给他吃下；村里的赤脚医生正为其拔罐止痛，也不见效用。我和同事都感觉不可耽搁，应该赶快送医院。县医院距离村庄约20

公里，当时村里只有一辆私人小面包车每天一次往返县城拉客。情急之下，同事说："赶紧叫车送医院"，村民说：叫车找"要钱儿"嘛。同事气急道："要钱儿给他钱嘛！"然后才发现，开私人小面包车的老板名字就叫"要钱儿"（或者摇钱）。

幸亏误会解除，及时把老会计送到县医院。我们凑了几千块钱，并找县里亲朋帮忙，当晚做了手术——胃溃疡导致的胃穿孔，很危险，胃切除了四分之三，总算抢救及时，有惊无险。

还有一次在骥村，白天做了访谈，晚上在房东家窑洞里将磁带语音整理成文字录入电脑。听录音时有一个词（音）"之拐一"，怎么也听不明白，结合上下文反复听还是不明其义。于是把房东大哥叫来询问："之拐"是什么意思？他回答："之拐就是之拐嘛"。再问：之拐到底是什么啊？大哥急得抓耳挠腮，连比划带说："就是之拐嘛！之拐嘛"！后来把嫂子也叫来了，最终才弄明白：是"这个——"，没有实义的口语词。所有人大笑而散。

事后我想，这个"之拐"应该不是当地方言，因其不是村民的表达习惯；而像是经历了半个世纪的官方话语的渗透结果——村民在几十年开会、听报告、听讲话

中习得了这个口语表达方式。（纯属逻辑推测，抑或许不是这样，欢迎指正）

一地方言适合一地风土人情，最能表达出本乡本土文化本质的精髓。故而，在提倡、推广普通话时也需要给方言包括民族语言保留空间。毕竟,百花齐放才是春。对语言文化的态度，正如费孝通先生所言："自美其美，美人之美，美美与共，天下大同"。可见多样为美，多样才美；而"大同"并非大一统，是多元共存，是和而不同。回望秦川大地，大一统的秦制建立，即使做到了书同文，度同制，车同轨，行同伦，也没能把南腔北调的方言给统一了。否则，我们今天说的恐怕就不是"以北京语音为标准音，以北方官话为基础"的普通话，而是秦腔秦调的陕西话了。

语言之事至关重要。因为语言是思维的材料，语言与作为精神活动的思考有着相互依存和共荣共损的关系。维特根斯坦说过："语言是人类思考世界的根本方式，人如何使用语言，就会如何思考"。已往的专制暴君和独裁者想要控制人们的思想，往往会控制他们的表达，囚禁了语言，思想便被禁锢。

乔治.奥威尔在《1984》中专门分析了语言与思考的关系。他指出，自由的思想本身至少需要两个条件：一个条件是对过去的记忆和当下的经验材料；另一个条件是必须通过语言来进行。而控制思想的办法之一就是消灭旧的语言和创造新的语言。

语言不仅具有表达的力量，还具有建构的力量。因此，控制了语言就意味着控制了思想，进而控制了对社会现实的建构。大洋国（小说《1984》中的虚构国家）中"新话的技术"就是控制语言并最终消灭语言的技术。对旧的词汇成批地消灭，实际上也就是在消灭过去；一些用来表达复杂丰富情感或思想的形容词和副词被取消了，即使不能取消，词义也变得简单明确。这种消灭使词汇由词意的复杂和微妙转为趋于简单（和粗鄙）。

同时进行的还有《新话词典》的编纂，新词的创造是为了减少含义中的联想成分，直接达到其有限的目的。新话的全部目的就是要缩小思想的范围，最后使大家实际上不可能犯任何思想罪。因为他们将没有词汇来进行思考和向别人表达，词汇逐年减少，意识的范围也就越来越小，语言完善之时即革命完成之日，从此就不会再有异端的思想，而正统的含义就是没有意识。大洋国不仅每年编纂新话词典，用新话来发表社论，而且用新话来改写莎士比亚、拜伦等历史上的文学家的作品，其目的就是为了改写历史。

　　大洋国的双重思想，也是通过特定语言表达的。例如这样的口号："战争即和平，自由即奴役，无知即力量"；所谓双重思想就是思想中同时包含两种相互对立的观点，通过语言的"辩证法"容忍矛盾，使人们有意说谎，但又真的相信这种谎言，相信被告知的谎言是真实的，使之成为一种诚实的自我欺骗，从而达到控制者所希望的思想定向。

　　不知怎么，说方言说到奥威尔这来了。也许是因为我们都知道，奥威尔笔下的大洋国并非只存在于寓言中。

　　毕竟，方言是语言也是文化传统的自在状态：其鲜活的存在、有效的交流构成的生命力是抵御来自外部强制一统的自治力量。方言不土，方言不俗。

　　　　　　　　　　　　　　　2022 年 1 月 20 日岁在大寒

www.ingramcontent.com/pod-product-compliance
Lightning Source LLC
Chambersburg PA
CBHW062121020426
42335CB00013B/1044